阿德勒教你
面對人生困境

如何面對無法躲避的人生課題，
減少多餘的痛苦，
堅強活下去的心理學

岸見一郎 著
鄭舜瓏 譯

目次

序章 何謂阿德勒心理學——常識的反命題

懷疑常識

在十九世紀後半的維也納，未來將大大改變心理學歷史的大師們如繁星般一位接著一位出現。但是，在歐美早已和佛洛伊德（Sigmund Freud）、榮格（Carl Jung）齊名的阿德勒（Alfred Adler）的名字，在日本卻鮮為人知。

阿德勒並非追認既有的價值觀，而是從徹底懷疑社會、文化的價值觀展開他的論點。這不代表他認為既有的價值觀是錯誤的，而是因為在社會或文化中，被視為有價值的事物，絕非一開始就是顯而易見。即使是顯而易見，也最好要回歸白紙一張，重新思考。

並非所有的人都一樣

心理創傷（Psychological Trauma）、創傷後壓力心理障礙症（post-traumatic stress disorder；PTSD）這些名詞，是從一九九五年的阪神大地震之後，才開始在日本被廣泛使用。即使對心理學沒有研究的人，現在大概也都認識這些名詞。人在遭遇重大自然災害、事故、事件時，內心會受到傷害。而這些遭受心理創傷的人，會產生強烈的抑鬱、不安、失眠、惡夢、恐懼、無力感、顫慄等症狀。

這些症狀一定會對當事人的心理造成強烈的打擊，這一點毫無疑問。但有些人在往後人生的各個階段遭遇不順時，都把原因歸咎是心理創傷造成的，這樣的想法真的沒有問題嗎？

大阪池田的兒童殺傷事件發生之後，某位精神科醫師接受電視台訪問時，他是這麼回答的：與這次事件有關聯的小朋友，即使現在看起來若無其事，等他活到人生的某個階段，「一定」會發生問題。

我們想想，這些小朋友以後會慢慢長大成人、結婚對吧？他們的婚姻生活中難免會有不順遂的時候。但他幼年曾經身處事件發生現場的經驗，就一定是夫妻相處不和諧的原因嗎？婚姻生活不順利，問題應該是出在兩人之間的相處才對，怎麼會是跟發生在遙遠的過去的某個事件有關。就像有人會把自己的犯罪歸咎於貧窮，但是另一個認識他的人知道這件事後卻說：「大家都一樣窮啊。」

總歸來說，人並非經歷同樣的經驗，就會產生同樣的結果。地震造成的災害非常巨大，確實需要很長一段復原的時間。但沒有人可以否定這個事實——那就是大多數的人都重新站起來，回到學校、職場上生活，就像地震發生之前一樣。

原因論的問題

即使把現在問題發生的原因，歸咎於過去發生的事情，也無法解決眼前的問題。想要處理「問題」，唯一的辦法就是思考我接下來該怎麼做。若朝向過去尋求目前問題發生的原因，會讓人回想起一些過去從未注意到的事件。有些精神科醫師和諮商心理師會幫助個案做這樣的回想，並對他說：

「這不是你的錯。錯不在你。」

確實，個案被這麼安慰，心情會輕鬆許多。「把過錯怪罪在別人身上就好了，都是因為別人的錯，所以自己才會這麼痛苦」，我曾在某位諮商心理師的書中看到這段話。

但光只是把過去的陳年往事一件一件翻出來，根本沒有解決任何事情。這就像病人在醫院被醫師診斷得了感冒，但醫師卻沒有做任何治療或開藥一樣。即使醫師對引起感冒的原因做了多麼詳細的說明，病人的感冒症狀並不會因為他的說明而有絲毫的改善。

如果能夠查明原因，並藉由改變原因來改善症狀，這樣的想法是可行的。但問題是，假設過去的事件真的是使目前的問題發生的原因，那麼想要改變這個原因，只有搭時光機回到過去才有辦法。這也表示，問題將永遠無法解決。

但是，有些人很希望自己的過去就是問題的原因。當他被安慰說「不是你的錯」的人，很容易把至今活得很痛苦的原因歸咎於父母，認為父母的教育方式有問題，然後責怪父母。因為他希望錯的不是自己。但就算他抱持這樣的想法，他接下來還是得思考自己應該怎麼做才有辦法脫離目前的狀態。思考接下來要怎麼做時，眼光是看向未來而不是過去。這就是我們接下來要詳細介紹的，阿德勒的想法。

一切取決於自己

阿德勒並非主張，過去的事件、父母的教育方式、環境等等完全不會對人造成影響，而是認為人不會完全受制於外界的刺激與擺弄。他認為人不應該會被不安、憤怒等感情，或者被其他擁有強制力的事物，強迫選擇一個與自己意志相反的事物。

但是，對於做什麼事對自己有益，或是做什麼事能讓自己得到幸福這件事，人確實有可能誤判。阿德勒心理學的特徵就在於：它明明白白地教大家如何活得幸福，如何堅強地活下去。

阿德勒說的話有時聽起來很嚴格，但對於那些活得很痛苦的人來說，這些話其實是代表希望的話語，因為阿德勒不要你從過去的事件中尋找原因，而是告訴你接下來應該怎麼做。

阿德勒說過：

「想要理解一個人並不容易。個體心理學很可能是所有心理學當中最難學習，也是最難實踐的一種。」（阿德勒，*What Life Could Mean to You*《自卑與超越》）*以下，只要是阿德勒的著作，只標示書名。

雖然阿德勒對於自己創立的心理學理論「個體心理學」下了這樣的註解，但這個理論並不難理解。只是，或許會有人對阿德勒的想法產生抗拒，拒絕接受這樣的理論。

過去，阿德勒的思想曾被譽為領先時代一個世紀的思想，如今已經獲得證明。阿德勒死後將近一個世紀的現在，我們發現，時代仍沒有追上阿德勒。人類直到目前，仍不肯用現實的態度，面對阿德勒構想的世界。

那麼，學習時代先驅者阿德勒的思想究竟有什麼意義呢？關於這點，我相信大家只要繼續往下讀，就可以逐漸明瞭。

第一章

與佛洛伊德的相遇與訣別——探索欲望的根源

超越自卑感

我秉持阿德勒的想法從事心理諮商已經有很長一段時間了，幾乎可以說，至今我未曾見過一個充滿自信的人前來諮商。大家不介意的話，我想先從我個人的過去談起。從小我的個子就比別人矮。我曾深信，假使我沒這麼矮，我的人生應該就會更加順遂。當然，每次跟別人吐露這件心事時，對方總是回應：什麼嘛，這又不是什麼大不了的事。

當我後來聽到別人的勵志故事，像是貝多芬是音樂家卻耳聾。貝多芬的第九號交響曲首演時，由他親自指揮，但曲子結束時，他卻沒發現到觀眾正為他熱烈拍手，這時我又不得不覺得，自己的煩惱實在微不足道。

即使如此，對我本人來說，個子小是很重大的問題。事實上，來找我諮商的個案，很多人都不是為了真正會對生活造成實際障礙的缺陷而來，大部分都只是在意自己的容貌和外表。有些客觀來說已經算是美女的人，卻自認不夠美，或擔心自己的容貌衰老。一些看起來已經很瘦的人，常因為覺得自己太胖而感到痛苦不已。

我自認自己不可能因為外表獲得別人的讚賞，為了不輸人，我死命地用功讀書，但其實這樣的動機並不單純。

像這種與他人相比，覺得自己矮人一截的感覺，就稱作「自卑感」。為了克服這種自卑感所付出的努力，就稱做「補償作用」。現在，自卑感、補償作用這些名詞早已廣為人知，大家都會使用。而歷史上第一個使用這些名詞的人，就是本書的主角阿爾弗雷德．阿德勒。

除了這種主觀的自卑感，阿德勒把貝多芬這類的案例，會對生活造成障礙的身體缺陷稱作器官缺陷（organ inferiority）。但不是有著器官缺陷的人，就會產生自卑感，器官的障礙本身並不是真正的問題所在。事實上，大多數的人都能夠克服身體的障礙，並堅強地活下去。

如同我在序章中提到的，人不會因為過去的經驗或周遭發生的事情，被迫決定過著現在的生活。阿德勒從器官缺陷的研究開始，樹立了至今仍價值不朽的心理學理論。本章將帶大家看看，阿德勒和佛洛伊德是如何相遇，以及阿德勒的學說如何與佛洛伊德的學說出現本質性的對立，使得兩人分道揚鑣的經過。

與佛洛伊德的相遇

一八七〇年，阿德勒出生於維也納郊外魯道夫斯海姆地區的猶太人家庭。背負著家族期待的他，進入維也納大學的醫學院就讀。當時，精神科並不是必修科目，所以他讀大學時沒接受過精神科醫師的訓練。阿德勒在學時，佛洛伊德開了一堂講述歇斯底里的課，但阿德勒並沒有選讀那堂課。阿德勒還要好幾年以後才會認識佛洛伊德。

大學畢業後，他成為眼科醫師。一八九七年結婚後，他自行開業成為內科醫師。根據阿德勒的友人、同時也是小說家的費利斯·波特姆（Phyllis Bottome）的描述，佛洛伊德的《夢的解析》在一九〇〇年出版時，《新自由報》刊登了一篇嘲笑佛洛伊德的報導，對此，阿德勒投稿擁護佛洛伊德（Bottome, *Alfred Adler*）。

以佛洛伊德在現代的名聲來說，這件事聽起來令人匪夷所思，但在當時的維也納醫學界，嘲笑佛洛伊德是很流行的事。當時，佛洛伊德並不認識阿德勒，但阿德勒已成為維也納非常有名的新銳醫師，因此他的擁護相當具有份量。對阿德勒來說，與大部分醫師學會的人站在相反的立場，也需要相當的勇氣。佛洛伊德看到報導之後，寫了一封感謝的明信片給阿德勒，並邀請他參加由佛洛伊德主辦的精神分析非正式研討會（也就是著名的「星期三心理學會」的前身）。但是，事實上這份報紙上並沒有刊登《夢的解析》的評論報導，也找不到阿德勒的投稿，因此到底阿德勒和佛洛伊德究竟是怎麼認識的，目前我們仍所知有限。

根據為阿德勒作傳的作家，同時也是美國心理療法專家愛德華·霍夫曼（Edward

Hoffman）描述，最可靠的說法如下。維也納醫師威廉・史克泰爾（Wilhelm Stekel）為了減輕心因性陽痿的症狀，在佛洛伊德的治療下，很短的時間內就獲得成功的療效。史克泰爾醫師十分感佩佛洛伊德的洞察，於是在一九〇二年時，遊說佛洛伊德成立一個組織，讓其他對佛洛伊德的治療方法感興趣的同事能夠一個禮拜聚會一次（霍夫曼《阿德勒的生涯》）。佛洛伊德當時雖然已經成為專家，但總覺得孤立無援，所以非常歡迎這個提案。他寄給史克泰爾以及其他三位維也納醫師明信片作為邀請函，邀請他們來他的診療室開非正式的讀書會。而參加讀書會的五個人之中，最年輕的成員就是阿德勒。佛洛伊德寫給阿德勒的明信片內容如下：

親愛的同事

很高興告訴您這個消息，我正企劃和我的同事和門生組成一個小團體，每周一次晚上八點半在我家召開讀書會，題目是心理學與神經病理學，非常有趣。萊托勒（Lightoller）、麥克斯・卡哈內（Max Kahane）、史克泰爾也都會來，不知您願不願意參加？聚會從下個星期四開始。不知您可否前來。又，星期四晚上這個時間可以嗎？期待聽到您的好消息。

來自你的同伴的誠心邀請

佛洛伊德

佛洛伊德邀請阿德勒的時間點是一九〇二年十一月。數十年後，阿德勒把活動的據點轉往美國。他把佛洛伊德寫給自己的這張以「親愛的同事」作為開頭的明信片拿給美國新聞記者看。這兩人的交情後來因為學說的差異而決裂，但阿德勒常被人誤會是佛洛伊德的門生。這張明信片正好是證明了他和佛洛伊德是對等的研究者，而且是佛洛伊德主動向他尋求知識上的往來，而非外界所認為的那樣。無論如何，佛洛伊德邀請阿德勒這個舉動，不只改變了阿德勒之後的人生，更是改變了整個心理學的歷史。

阿德勒、萊托勒、卡哈內、史克泰爾照著明信片上約定的日期來到佛洛伊德住處的公寓。他的公寓有一間很寬敞的診療室，他們在裡面的候診座位上展開熱烈的討論。初期的聚會，這些同伴們一定都是和顏悅色、熱烈地討論各種議題，這種氣氛會給人一種溫暖的一體感。

佛洛伊德認為，所有人之中就屬阿德勒的意見最具創造性，也最敏銳。他們兩人雖然互相尊敬，但沒有成為好友。由於最初四年的議事錄沒有被留下來，所以我們並不清楚阿德勒在這個讀書會中受到何種影響。

器官缺陷

阿德勒早在和佛洛伊德一起做研究的時候，就把會對幼兒生活產生障礙的身體缺陷稱作「器官缺陷」，並研究它對於性格形成所造成的影響。一九〇六年，阿德勒在星期三心理學會發表了一篇文章題目為〈精神官能症的器官性基礎〉。這篇文章是阿德勒即將出版的第一本著作的摘要。

事實上，所有的精神官能症都是由都是由器官缺陷、特別是特定的器官功能低下（例如視覺器官或聽覺器官的功能低下）引起。其次，性功能障礙發生的主要原因，也大多源自身體先天上的缺陷。因為，體質的弱點會對性能力造成影響。第三，有器官缺陷的人為了適應社會，會試著去克服他的障礙。克服障礙的過程就稱作「補償作用」，而且常常會過度補償，因為他不知道要補償到什麼程度才夠。聽不見聲音的貝多芬、或是先天口吃的古希臘演說家狄摩尼西就是最好的例子。這第三個論點，讓與會者、特別是佛洛伊德的眼睛為之一亮。

阿德勒之所以創造出器官缺陷的理論，與他的成長背景有關。他小時候曾罹患佝僂病，無法隨心所欲的活動。他的父母為了培養阿德勒的體力，想辦法鼓勵阿德勒多到戶外玩耍。他們在維也納郊外的住家後面有一片廣大的草地，阿德勒在那裡和許多朋友一起玩一些激烈的遊戲，不久，他的佝僂病就完全好了。而且，他不只病痊癒了，很會替朋友著想、個性活潑的阿德勒變得人見人愛，不管走到哪裡都受人歡迎。

另一個背景則是，阿德勒於一八九七年結婚後沒多久，就在有名的遊樂園入口處、普拉特地區的徹爾尼巷（Czerny Gasse）七號，開業當內科醫生，他在那裡替一群在遊樂園工作的人進行治療。透過這個經驗，阿德勒看見這些靠體力與技能營生的人，都曾為身體先天的孱弱所苦，但後來都靠著自己努力克服這些弱點。

他在這個時候發表的文章，最後都集結在隔年一九〇七年出版的《器官缺陷的研究》。佛洛伊德基本上認同阿德勒對於器官缺陷與補償作用的想法，但他感覺這個想法會威脅到自己的學說，也就是性衝動（Libido）是人格形成的基礎。

阿德勒原先認為身體上先天的孱弱以及因為孱弱產生的自卑感若沒有被克服，會使人產生精神官能症，但後來他放棄這樣的想法。即使如此，佛洛伊德仍不認同補償自卑的欲望可以從性衝動以外的形式理解，而這正是阿德勒的想法。

攻擊衝動

阿德勒的《器官缺陷的研究》出版的那一年，學會內部出現很大的變動，會員人數增加到二十二人。隨著學會規模變大，內部的氣氛也跟著改變。隔年，星期三心理學會改名為「維也納精神分析學會」。學會最一開始的那種溫暖的一體感消失了，會員彼此之間互相鬥爭，進行個人攻擊。但阿德勒並沒有捲入這樣的鬥爭中，反而扮演調停紛爭的角色。

阿德勒與佛洛伊德分道揚鑣的契機之一，就是他發表了關於攻擊性的理論。阿德勒在《一般人與精神官能症患者的攻擊衝動》這篇論文（一九〇八年）中，談論性衝動與攻擊衝動的存在。這兩種衝動的目標都是獲得快樂，前者的論述已經包含在佛洛伊德的理論之中，所以阿德勒把焦點放在後者的攻擊衝動。

「從小孩第一次（第一次哭泣的時候）面對外在敵對環境的姿態便得可知。仔細檢討這個現象後我們了解到，這樣的態度通常來自於一個人無法使器官獲得快樂時。這種狀況，以及對於個人的周遭採取敵對、好戰的態度所衍生出來的人際關係就是採取戰鬥，藉此滿足個人需求，我把這樣的衝動稱作攻擊衝動（Aggressionstrieb）」（*Heilen und Bilden*《治療與教育》）。

小孩子一出生就希望可以得到快樂，但他還太小，充滿敵人的周遭世界妨礙他獲得快樂。為了獲得滿足而湧起戰鬥欲望的動力，會使小孩子成長。原本的攻擊衝動是以比較純粹的形式被表現出來，像是打人、咬人，或做出讓對方感到害怕的事等等。長大之後慢慢會歸結成運動、競爭、決鬥、戰爭、支配欲望、宗教社會國家人種之間的鬥爭等等，具有破壞、攻擊性的行為。但相對地，攻擊衝動也可以引導出對社會有用的行為以及天賦。

如同前面說的，除了性衝動之外，佛洛伊德不認為補償器官缺陷的欲望有其他可能，他也不承認阿德勒所認為的，攻擊衝動獨立於性衝動、性欲望之外，直到後來佛洛伊德看到人們在第一次世界大戰中的殘忍行為，才承認人天生就有攻擊衝動。

反倒是阿德勒後來自己否定了佛洛伊德所認定的：人天生具有攻擊衝動。阿德勒和佛洛伊德都因為第一次世界大戰的關係，對於人的本性的立場產生一百八十度的轉變。為什麼會發生這種事？等後面我們看到阿德勒的核心概念「共同體感覺」（德文Gemeinschaftsgefühl，又譯為「社會情懷」或「社會意識」）後，再來探究原因。因為這個概念不僅可以明顯看出這兩人在思想上的差異，也可以透過阿德勒對於人的本性的看法，看清楚我們這個世界未來的走向。

阿德勒認為雖然攻擊衝動可以歸結於破壞性、攻擊性的行為，但它同時也可以引導出有用的行為與天賦，若能注意到這一點，就可以知道「攻擊衝動」這個名稱取得並不適當。因為阿德勒暗示我們，攻擊衝動可被引導轉變（kulturelle Verwandlung）成慈悲、同情、利他主義、對別人的不幸產生關懷等對社會有用的貢獻。至於什麼東西促使這樣的轉變發生，阿德勒在一九〇八年的論文中認為這個衝動是由「文化」決定，但他在一九一四年出版的《治療與教育》一書中，把該論文中的「文化」改成「與生俱來的共同體感覺」。

總之，阿德勒所說的攻擊衝動並非意味著潛藏於人心中偶爾會激烈出現的攻擊本能，而是可以被引導轉變成為對社會有貢獻的動力。阿德勒在提倡共同體感覺的過程，以及思考它的意義時發現了這個問題，隨即轉換觀點，認為爭吵或戰爭不應該歸因於人的攻擊本能。

情感欲望

同樣在一九〇八年，阿德勒寫了一篇論文《小孩的情感欲望》。阿德勒在這篇論文中主張人皆有內在的情感欲望，這些欲望最後都會與「觸、見、聞」等生物性的欲望合流（互相影響）。小孩子絕大部分的成長發展，都與如何適切地引導這些複合欲望息息相關。

這種情感欲望在早期出現的狀況「十分明顯，很容易看得出來。小孩子就是希望被溺愛、被稱讚，喜歡黏人，喜歡黏在自己喜歡的人身邊，想要和他們睡在同一張床。這樣的欲望最後會演變成渴望獲得充滿愛的關係，他會開始愛身邊的人，也會對於友情、共同體感覺產生愛的感覺」。

「小孩子絕大部分的成長發展，都與如何適切地引導這些複合欲望息息相關……在他的衝動獲得滿足之前，應該迂迴地把（小孩子）的欲望引導到文化上的表現。這樣就可以把他追求愛的方法與目標提升到更高的層次。這時他內心就會產生純粹的共同體感覺，只要他的目標被轉換成其他型態，（小孩子）內心的共同體感覺就會覺醒……（但是）假如小孩子……無法（學習）等待，而只是想獲得原始型態的滿足，他的欲望將會轉變為直接的、感覺性的欲望。」

如同前面提到的攻擊欲求可以透過「文化」（後來被改為「與生俱來的共同體感覺」）引導轉變為對社會有用的貢獻一樣，把情感欲望提升到更高的層次，可以使小孩心中的「共同體感覺」覺醒。

後來阿德勒對於溺愛提出強烈批判，他認為即使小孩子渴求溺愛或稱讚，也不應該直接滿足他的欲望。因為「情感」（zärtlichkeit）可能會變成「溺愛」（Verzärtelung）「情感欲望一旦被引導到錯誤的方向」，一定要立刻導正回來。正確的方向要依靠共同體感覺指引，把他的欲望引導到對社會有益的事情上。

我們後面會看到，阿德勒正式提倡共同體感覺的概念，是在第一次世界大戰的時候，也就是說，當他還和佛洛伊德一起活動的時候，這個思想已經在他心中萌芽了。

霍夫曼指出，佛洛伊德很可能沒看到阿德勒寫的這篇關於情感欲望的論文（霍夫曼《阿德勒的生涯》），假如他有留意到這篇論文，一定會對於阿德勒把情感欲望獨立於性衝動之外的觀點提出異議。

不管是前面說的攻擊衝動或是情感欲望，阿德勒把它們與性衝動同樣並列為驅動人行動的力量，這意味著阿德勒認為驅動人行動的力量不只一種。就這點來看，他已經和佛洛伊德的見解出現差異，不過這時阿德勒的思想尚未發展到巔峰。綜觀以上分析，我們可以得知在一九〇八年這個時間點，透過共同體感覺指引攻擊衝動與情感欲望宣洩方向的這個觀點，已經在阿德勒心中悄悄萌芽，並開始構思這個理論了。

與佛洛伊德分道揚鑣

一九一〇年冬天，隨著學會發展日益興盛，佛洛伊德覺得自己逐漸被大家疏遠。這個時候的協會，除了原本以阿德勒為首的維也納成員，還包括了匈牙利的費倫奇（Sandor Ferenczi），英國的瓊斯（Ernest Jones），瑞士的榮格（Carl Jung）等人也都加入了，但阿德勒和這些人並不親近。

一九一〇年，精神分析學會的第二次國際會議在德國的紐倫堡召開，並在當時成立「國際精神分析學會」。被選為會長的，是來自蘇黎世的榮格。這對於學會元老的維也納學派來說，並非是值得高興的消息。他們對於這樣的人事安排表達強烈反彈。

當初的提案本來是讓榮格擔任終身會長，但最後的妥協方案，變成國際學會會長的任期為兩年、由阿德勒擔任議長以及學會的期刊雜誌《精神分析中央雜誌》的總編輯。

至於維也納精神分析學會的性質，也從原本的共同研究轉變為成員之間的激烈競爭。由於會員人數增加許多，原本的場地不敷使用，阿德勒提議把場地移到咖啡館，但卻被否決了。佛洛伊德不喜歡咖啡館的氛圍。就這樣，學會的氣氛變得越來越拘束了。

就在這個時間前後，阿德勒開始發展出和佛洛伊德相左的見解。前面提到的，阿德勒在一九〇八年時提出攻擊衝動的概念，對於這個概念，他後來（一九三一年）是這麼說的：

「我忽然想起，一九〇八年的時候，我認為每個人都經常處於攻擊狀態中，並輕率地把這樣的態度稱作『攻擊衝動』。」（"Zwangsneurose"）

這句話已經表明，阿德勒認為問題不在於用語的指稱範圍，而是認為這樣的用語根本不適當。阿德勒接著說：

「但是我很快就醒悟過來，原來我處理的問題並不是人的欲望，而是人對於人生課題中的某部分是有意識地覺察的，某部分卻不願去理解。於是，我慢慢理解到，人格之中包含與人際關係相關的特徵，而且它的程度會因為人對於事實以及人生面臨的困難賦予何種意義而決定。」

如同阿德勒在這裡提到的，當他開始把關注的重點從「欲望」轉移到「賦予意義」與「人際關係」上時，就注定了他的思想將與佛洛伊德分道揚鑣。

除此之外，阿德勒在一九〇七年的《器官缺陷的研究》中指出，只有擁有器官缺陷的人會努力把力氣放在補償作用以及過度補償上，但他在一九一〇年發表的《人生與精神官能症中的雙性化心理現象》中，更進一步地提出新的論述：

「這些屬於客觀現象的器官缺陷，常常會引發人產生主觀的自卑感。而這種自卑感會妨礙孩子自立，增加他希望獲得支持的欲望等等，對他個人生涯的各個時期都會造成影響。這一切的源頭就來自於當孩子小時候與大人面對面時，感受到自己的弱小時開始。他從這份感覺中產生希望被支持、被愛，無論是心理或生理都希望依賴大人，產生從屬於大人的欲望。假使他從小就主觀地感受到自己的器官缺陷的話，這樣的傾向會變得更加強烈。小孩的依賴心膨脹之後，會覺得自己軟弱無能，當這樣的想法越來越強烈，孩子的攻擊性就會受到壓抑，內心容易產生不安的感覺。」

孩子不僅把關注的重點從客觀的缺陷轉到主觀的自卑感，面對大人時還會覺得自己很弱小，阿德勒把這種感覺稱作「男性傾慕」（masculine protest）。他認為這種感覺會過度助長男性傾向與女性傾向的發展。阿德勒在這時候的視野又變得更加開闊了。

阿德勒不再像佛洛伊德那樣那麼強調性衝動，而是強調自卑感，把它作為精神官能症的基礎，而且提出可以取代性衝動的其他要素，這已經使得佛洛伊德的內心無法再保持平靜。不僅如此，佛洛伊德的理論是從過去與客觀的事實中尋求內心痛苦的原因，但阿德勒的見解卻完全相反。阿德勒後來提出的「目的論」在這個時間點已經在他心中悄悄萌芽，直到他完全明確地主張這個理論，此時對佛洛伊德來說，他儼然已經成為很大的威脅了。

佛洛伊德不允許阿德勒顛覆自己創立的體系，但是阿德勒又是維也納精神分析學會的主席，而且受到大部分會員的尊敬。佛洛伊德決定在阿德勒獲得更多支持之前先下手為強。他安排大家在學會的聚會中，討論阿德勒的理論究竟脫離了佛洛伊德的學說多遠。雖然在討論的過程當中，部分會員曾試著調和兩者的學說，但佛洛伊德默許其他會員對阿德勒的「反性衝動傾向」發出猛烈的攻擊，使得阿德勒失去選擇的餘地。他辭去學會主席一職，而佛洛伊德被選為新任主席。

這時阿德勒依然是《精神分析中央雜誌》的總編輯。於是，佛洛伊德寫信告訴該雜誌的出版者，表示自己無法和阿德勒擔任共同編輯，迫使出版者必須做出抉擇，從他們兩人之中選擇一人。阿德勒收到出版者的最後通牒時，並沒有因此感到苦惱。他辭去總編輯一職，和其他三位同伴一起退出維也納精神分析學會。那一年是一九一一年。

佛洛伊德的目的是討伐異端。而阿德勒就是異端。一場決定佛洛伊德派的概念是正確的、抑或阿德勒派的概念才是正確的投票展開了。總共有二十一名會員投票。這場投票是由佛洛伊德提出的臨時動議，「加入阿德勒新成立的團體，就不得成為維也納精神分析學會的會員」，贊成的有十一人，反對有五人，五人棄權。投票結果一出來，阿德勒的支持者同時起身，向大家感謝這些年一起歷經的患難歲月後，隨即離開。他們的目的地是維也納的中央咖啡館（Café Central），阿德勒在那裡，正等著他們一起來舉行深夜的慶祝大會。

阿德勒與九位同伴（包括反對佛洛伊德的臨時動議的五人，棄權之中的一人，以及一開始與阿德勒退出學會的三人）一起退出學會。接著，榮格也在一九一三年退出維也納精神分析學會。這對佛洛伊德來說是相當沉重的打擊。阿德勒曾悲傷地說：「我一直採取中庸的立場，不會強迫別人接受我的觀點，也不會因為別人反對我，而感到妒恨。」

個體心理學的誕生

就這樣，阿德勒與佛洛伊德分道揚鑣了。一九一二年，他創立了自由精神分析學會。從學會的名稱來看就知道，阿德勒在當時依然受到佛洛伊德強烈的影響。但隔年，他隨即把學會的名稱改成「個體心理學會」。

阿德勒把自己創立的獨特理論稱作「個體心理學」。原文（Individualpsychologie）中的「個人的」（individual），源自於拉丁語無法分割（individuum、無法divide）的意思。換言之，人應被視為一個無法分割的整體。

阿德勒會選擇這個名稱，是因為他對於個人的統一性（unity），以及個人的獨特性（uniqueness）有著強烈的關心。換句話說，阿德勒關心的是眼前活生生的這個人，而不是普遍概念的人。

「把名稱取作個體心理學的用意是，我確信心理的過程以及表現，只能透過個別的脈絡理解，所有心理學的洞察應該從個人開始。」（Furtmüller, "Alfred Adler: A Biographical Essay"）

阿德勒在個體心理學中，只追求兩件事。第一個是個體心理學必須是「在永恆的相下」（sub specie aeternitatis）。另一個就是必須讓所有人都能理解（Bottome, *Alfred*

Adler）。

下一章開始，我們會開始介紹阿德勒的思想，並從中看見阿德勒追求這兩件事情的意義為何。

第二章

從「從哪裡來」變成「往何處去」——原因論與目的論

不是每個人都活在同一個世界

人並非活在同一個世界，而是活在自己詮釋的世界裡。阿德勒為了說明這件事，舉了幼年時期的狀況為例：

「舉一個簡單的例子，當事人面對同樣的幼年時期可能會做出不同的解釋。即使幼年曾遭遇不幸的經驗，他還是可以做出完全相反的詮釋。

比如說，某個人認為自己已經完全脫離不幸的經驗，而且以後可以迴避同樣的狀況。此時，這人心裡可能會這麼想：『為了避免同樣的不幸狀況再度發生，我要努力讓我的小孩在更好的環境中成長。』

但是遭遇同樣經驗的另一個人可能想法又會不同：『人生真不公平。為什麼別人都可以過得那麼順利？既然這個世界是這樣對待我，那我為什麼要對別人更好。』因此才有不少做父母的人對小孩子有這樣的想法：『我小時候也曾這麼辛苦過，我都撐過來了，你們也應該要這樣。』

第三個人可能會這麼想：『我小時候有這麼多不幸的遭遇，不管我做什麼都應該被原諒。』

無論是哪一種，我們可以從他們採取的行動中，看出他們對他們的人生賦予什麼樣

的意義。只要不改變詮釋的內容，人就不可能改變行動。」（《自卑與超越》）

如何解釋自己的幼年時期？用阿德勒的話來說就是如何「賦予意義」，方法有很多種。不只是過去，就連當下置身的狀況也是一樣。在上述的引用文後面，阿德勒接著說：「個體心理學就是從這方面下手，掙脫了決定論的束縛。任何經驗本身都不是成功或失敗的原因。我們不應該放任自己因為經驗的衝擊——也就是所謂的心理創傷——而受折磨，而應該要從經驗中找出合乎目的的解釋。我們不應該被自己的經驗決定，而是應該要透過賦予經驗意義來決定自己。因此，當我們想把特定經驗作為對未來人生的基礎時，很可能會做出錯誤的決定。意義並不是由狀況決定。我們應該透過賦予狀況意義來決定自己。」

請注意，阿德勒在這裡使用了「決定論」這個名詞。我們會把「某個原因必然歸結於某件事情這樣的想法」稱作原因論。因此，它也是一種決定論。但是，人即使經歷相同的經驗，也不會產生同樣的結果。因為即使經驗相同，每個人對於經驗都賦予不同的意義。無論是過去的經驗或當下面臨的狀況，每個人賦予狀況意義的方式都不一樣。

在前面的引用中，阿德勒提到心理創傷之後，寫道：「（我們）應該要從經驗中找出合適的目的。」想要知道這句話的意義，就要先知道阿德勒採取的目的論的意義。這是和「某個原因必然歸結於某件事情」的原因論完全相反的看法。

拯救自由意志

阿德勒認為，人在回應外在的刺激與環境時，並非是機械性地回應。想像一下當災害、事件、意外發生時，如果是本人遭遇到，不用說，衝擊一定很大，即使是家人或熟人因此受傷甚至死亡，對當事人來說，也會受到很大的打擊。但不是每個人受到的影響都一樣。即使是經歷相同的經驗，有人覺得心理受到創傷，也有人可以很快的從打擊中站起來。因為人是行為者（actor）不是反應者（reactor）。他可以決定怎麼回應外在的刺激。

比如說，我現在手裡拿著杯子，當杯子離開我的手，它一定會掉下去。但人的行為並非機械性的移動，只要當事人不想做，隨時可以停止動作。但杯子只要離開手，往下墜落，就不可能停止移動。當然，假使人不小心從高處失足墜落，會發生和杯子一樣的事情，但從高處往下跳的人和杯子不一樣，他擁有往下跳的意志。所以，當人從高處往下跳時，就不能用杯子墜落這種機械性的移動來說明人的行為。

人的行為，在行為之前會先有一個「我想做什麼」的意圖，會先訂立目的或目標。當別人問我們「你為什麼要做這種事」的時候，對方期待得到的回答是行為的意圖、目標、目的，而非行為的原因。原因只是說明行為的一種方式。即使擁有同樣的原因，也不代表每個人都會做同樣的事。

某個殺人犯被問到「你為什麼殺人」時，他回答「因為我很窮」。但顯而易見的，不是所有的窮人都會殺人。又比如說，某起殺人事件的嫌犯被訊問殺人的動機時說：「我的性格易怒，因為那個人說了讓我不耐煩的話，所以我把他殺了。」我想這個理由大概沒有人會相信。

貧窮和易怒性格或許真的會驅使人去殺人，但即使找出背後驅動的原因，也無法說明這個人的行為。比如說，我現在正在寫稿，就只是因為我想寫。你可以說，我這麼做的原因絕非出於我的意志，雖然還不知道原因是什麼，但只要弄清楚原因，就可知道事實並非是我想的那樣，就算我自認為這個行為是我自己選擇的，這樣說得通嗎？我只知道這種想法正好說明了，自己選擇（透過自由意志做出的行為）的感覺有多麼強烈，強烈到讓人無法懷疑。

人的行為無法用原因完全說明清楚，人的自由意志會穿越種種原因，跑到最前面。如果說所有的答案都可以在必然之中找到，那麼自由意志絕對是最顯而易見、最鮮明的答案。不是別人，就是我，是我自己選擇這麼做，而不是因為某種原因強迫我選擇。想像我們在做選擇的時候，與其說我會這麼做是背後有一股力量把我往前推，不如說是因為我想看清楚眼前的東西，所以自己往前邁出一步，這樣的說法適合多了。

因此，就目的論的觀點來說，人不是因為生氣被逼得不得不大聲說話，而是為了大聲說話所以表現出生氣的樣子。不是因為內心不安不敢出門，而是因為不想出門所以表現出內心不安的樣子。

先要有一個做什麼或不做什麼的目的，然後才開始思考達成目的的手段。也就是說，不是生氣這個情感在背後控制著我，而是我為了迫使別人照我的話去做，所以使用生氣這個手段。又或者我為了得到別人的同情，所以表現出悲傷的感情。

那麼心理和身體之間的關係又是什麼呢？我使用這個身體。身體和使用它的我是不同的東西。而大腦是身體的一部分，所以是我使用大腦，而非大腦使用我。有些人因為腦梗塞、腦溢血使得身體無法活動，無法將大腦中所想的用言語表達出來，即使如此，我和我的大腦依然是兩樣東西，是我使用大腦，而不是大腦使用我。不管大腦的運作過程被研究到多麼透徹，也無法用它來說明人的行為。

阿德勒會使用運動的觀點來解釋所有的心理現象，或許和他小時候得到佝僂病，身體無法自由活動有關。運動必須要有一個目標，然後朝那個目標前進。對於身體沒有任何病痛，能夠自由活動的人而言，這是理所當然、不會特別注意的事，但對阿德勒來說，卻不是如此了。

這個運動並不只是物理性的移動，還意味著我們應該克服現實的困難，努力朝更好的境地邁進。以樹木來說，樹木不會移動，若隔壁的大樹擋到它，它便難以獲得足夠的日照，無法長得高大。但人可以移動，所以只要我們願意，我們可以離開陰影，移動到有日照的場所。

善的選擇

前面我以生氣為例，說明人必須先有想要大聲說話這個目的或意圖，後面才會出現達成目的的手段，也就是生氣。那麼，大聲說話的人，為什麼要這麼做呢？為了理解這個問題，我們要先從一個著名的蘇格拉底悖論開始談起：

「沒有人有意為惡。」（柏拉圖《美諾篇》）

聽到這句話，應該會有人立刻提出反論：「不是吧，為惡者很多啊。」否則怎麼解釋那些為非作歹、殺人犯等等的人。但對這些人來說，為非作歹或殺人就是「善」。這種情況下，「善」已經不是道德上的意義，而是「有好處」的意思。比如說，殺人在這個道德的意義上是否為「善」是另一個議題，但至少對殺人犯來說，他殺人的那個當下，他判斷這件事是「善」（對自己有好處）。這種「善」的相反就是「惡」，指的是

「沒有好處」的意思。因此，只要為非作歹對自己有好處，為非作歹的人就會認為這就是「善」。

其實用不著舉殺人這麼極端的例子，用吃東西來比喻也行。比如說，明知吃零食不健康，但仍忍不住吃了，這是因為對吃零食的人來說，他在吃的當下判斷這是一件「善」的事情。當然，對於生病或正在減肥中這些必須限制飲食的人來說，即使肚子餓也不可以毫無克制的亂吃，所以盡情吃到飽這件事，對他們來說不是善，換言之，這對他們沒有好處。

像這樣，人在做某個行為的時候，其實都是當下判斷這件事對自己有好處（善），而這個善，才是人做出某個行為的真正目的與目標。

內心沒有掙扎

有人會說，有時候我們明明知道應該怎麼做，卻做不到。比如說，明知考試的前一晚應該用功到很晚，但最後還是睡著，醒來的時候已經是早上了。又或者以前面的減肥的例子來說，有些人明知不可以再吃，但因為肚子太餓了，最後還是輸給食欲。

以這個情況來說，這些減肥的人真的是明知不可吃而吃之嗎？阿德勒並不這麼想。阿德勒認為，這些人在吃東西的時候，真的不覺得自己不應該吃，他們做這個動作的時候，內心沒有掙扎。他不認為他們內心明知不該吃，身體卻忍不住做出吃的動作，也就是沒有意志輸給身體這回事。

前面提過，阿德勒與佛洛伊德分道揚鑣之後，把自己創立的心理學體系取名為「個體心理學」。個體心理學的原文（Individualpsychologie）中的「個人的」（individual），拉丁文原意是無法分割的意思。他認為應該把人視為一個無法分割的整體、被統一過後的東西，他反對把人分成心靈與身體，感情與理性，意識與無意識等所有二元論的論點。

阿德勒不單把身體的症狀從整體切割出來看，早在全人醫療（Holistic Medicine 中的 Holistic 源自於希臘文「holos」，意思是「整體的」）流行的五十年前，阿德勒就提出了和現代醫學以及衛生保健的還原主義不同的論點，他認為人不可分割，應以整體視之（Dinkmeyer et al., *Adlerian Counseling and Psychotherapy*）。

阿德勒對於佛洛伊德的意識與無意識的看法，也是他們兩人的關係產生變化的原因之一。阿德勒認為，無意識並非意識之外的獨立作用，它只是沒有被察覺、被理解而已。即使意識和無意識乍看之下是矛盾的，但它們是人「唯一實在的，具互補性、合作性的部分」（《人為何會罹患精神官能症》）。

另外，阿德勒認為，情感會透過身體形式表現出來，如顫抖、臉紅、臉發青、心悸亢奮等，由此可知心和身體應該視為一體。心臟、胃、排泄器官、生殖器官等各個器官，分別透過它最適切的語言（「臟器語言」）即時地表現出來，讓我們可以看出這個具有「不可分割的整體性」（individual totality）的人，他接下來的方向性（同前書）。

作為真正原因的目的

在前面提到自由意志時說道，最初的一步是由自己的決定而跨出。為什麼他想這麼做？因為他判斷這麼做對自己而言是「善」。

蘇格拉底接受死刑判決後，直到死刑執行前都待在監獄，這是因為對雅典人來說，這麼做是對的（善），他自己也認為這麼做是對的，假如他認為逃獄才是善，那麼他早就逃往國外了（柏拉圖《克里托篇》）。只有這個「善」才是真正的原因，除此之外的原因都是副原因。

亞里斯多德把原因分成四類。以雕刻為例，必須要先有青銅、大理石、黏土，才能做雕刻。這些東西就稱做「質料因」（由什麼做成）。其次，即使眼前有一塊大理石，若沒有雕刻它的人、也就是雕刻家，雕刻這個動作就不會發生，這稱作「動力因」（動力的源頭）。雕刻家在雕刻的時候，會先想像雕像的形狀，要把它雕成什麼東西，這時雕刻家腦中浮現的形象就是「形式因」（什麼東西）。但光是這樣還無法完成雕像，若雕刻家心中沒有製作雕像的欲望，雕像就不會存在。他一定有某種目的，比如說他雕刻是為了自己欣賞，或為了拿去賣。這就「目的因」，也可以把它直接替換成「善」。

這並不是指，阿德勒不處理亞里斯多德目的因以外的原因，而是把它當作主要的原因，藉此來思考行為的目的。在針對行為提出「為什麼」的時候，阿德勒使用「原因」這個詞，指的不是「物理學上或科學上嚴謹的因果律」中的原因（《孩子的教育》）。他認為其他的原因都是從屬於目的之下。比如說，以前面說的身體的例子為例，大腦或臟器的生理性、生物化學性的狀態或變化，應屬於身心症的質料因，但就目的論的立場來說，這些變化並不會立刻引發症狀（Schulman, *Essays in Schizophrenia*）。

身體的狀態，例如前面提到的腦梗塞，由於發病部位在腦部，所以身體變得不聽使喚。這時候患者的身體條件別說有什麼動力把他往前推，反而還阻礙他往前。即使如此，還是有患者努力做復健，試著讓自己往前移動一步、兩步，為什麼？因為他判斷這麼做是「善」，這個善（努力復健）就是他行動的目的。

即使沒有生病，當我們身體感到疲累的時候，就算想要工作或唸書，仍會有力不從心的時候。但只要之前沒有連續熬夜好幾天，身體還撐得下去的狀況下，應該還是有人可以辦得到。所以，以阿德勒的講法來說，這時候想睡覺不過是利用很睏為理由，實際上是不想工作或念書，因為當事者判斷這個選擇是「善」，即使他事後會感到非常後悔。

因果關係的假象

剛才我寫道，那個人感到非常後悔。其實包括後悔以及他考試前一天書還沒念完就上床睡覺，這些行為對那個人來說都是「善」。不過，若做了這個行為之後，考試拿到壞成績，相較於拿到好成績，當然就稱不上是善了。但是，說不定即使熬夜用功也是一樣拿到壞成績，那倒不如表現出「我已經努力過了，只是受不了睡魔的誘惑」（這樣就可以證明，我是真的很想念書），或是「因為自己不夠用功，所以才考得這麼差，假如當時我沒有睡著，就可以考得更好」的樣子，讓自己和別人都能這麼看待自己，這是把責任轉嫁給身體，目的是避免面對自己成績考差的事實。換言之，他判斷讓自己活在「假如我再用功一點」的這個可能性之中，對他來說就是「善」。假如不保留這個可能性，而是真正地拚死拚活地念書，結果還是考不好的話那怎麼辦？所以他選擇不想面對這個現實。

當然，對當事人來說，他並不曉得自己有這樣的行為目的。大多數的狀況是，連本人也不了解真正的目的，也就是說他是在無意識的狀態下做的。心理諮商的工作就是把這個尚未被人察覺、或者說未被人理解的無意識的目的意識化。

在意識化之前，當事人只能透過原因論理解目前自己的狀態或行動。他不知道還有別的見解。在考試前一天晚上很睏所以睡著了，這是原因論，實際上真正的目的就如同剛才說明的，是不敢面對現實，害怕自己即使拚死拚活地念書也沒辦法拿到好成績。

有時候，我們為了正當化自己的行為，會在事後找理由。那些不想去上學或去工作的人，會想出一個讓自己與周遭的人都接受的理由，認同自己不去學校的行為。比如說，他可以主張早上起得太晚，或前一天睡不好。有時候甚至會出現肚子痛、頭痛的症狀。小孩子只要向父母訴說這些症狀，父母不可能會勉強小孩去上學。於是，父母會聯絡學校，替小孩請假，小孩就可以名正言順地不去上學。但沒多久，父母會發現小孩剛才說的那些症狀怎麼都好了。這不是小孩子說謊，而是他真的肚子痛、頭痛，只是目前的狀況已不再需要這些症狀，所以他的病痛就自然消失了。

大人的情況就稍微複雜些，但基本上還是一樣。以小孩請假不去上學的例子來說，小孩子要先訂立一個不去上學的目標，然後想辦法把它化為可能，也就是創造出能夠說服父母親的症狀。這和殺人犯以自己貧窮、性格易怒作為理由一樣。一開始，他必須先有殺人的目的，然後再找一個理由正當化此目的。

這些理由被拿來當作原因。利用某個原因來說明目前發生的事情或狀態，阿德勒把這樣的行為稱作「因果關係的假象」（scheinbare kausalität, semblance of causality）（《追求生命的意義》）。所謂的「假象」，指的就是實際上並沒有因果關係。意思是，本來沒有因果關係，但當事人表現出讓人覺得有因果關係。

阿德勒舉了下面這個例子。有一隻經過訓練後會跟在主人身邊走的狗，某天被車撞到了。這隻狗很幸運地保住了性命。之後，牠又跟著主人出門散步，但只要走到發生事故的「那個地方」，牠就開始害怕，裹足不前，一動也不動。之後，牠甚至連靠近那個地方也不敢（同前書）。

以這隻狗的案例來說，這是屬於PTSD的案例，牠把遭遇事故的原因歸咎於場所，而不是自己的不注意或經驗不足。我在念國中的時候曾遭遇交通事故，事故發生後，有一陣子我真的一點都不想靠近那個地方。但上學的路只有一條，我沒辦法避開。其實，發生事故的「場所」本身並沒有什麼恐怖的地方，這是顯而易見的。但假設主角是換作一個時常不想去工作的人，發生事故之後，就可以拿它來作為正當化自己不去上班的理由。一開始他走到遭遇事故的場所，內心會覺得不安，心臟跳動地非常快。到了後來，連靠近那個場所的附近都會出現這些症狀。要不了多久，這個人一定會變得連踏出家門一步都不敢。

對當事者來說，他可能會把遭遇事故作為不敢踏出家門的原因。但是，擁有同樣經驗的人，卻不是每個人都不敢踏出家門。遭遇事故和無法外出，這兩件事情原本並沒有因果關係，但卻在這時候被拿來當作理由。

假設經歷同樣的經驗都會發生同樣的結果，也就是說過去的經驗會決定自己現在的狀態的話，那麼所有的治療、育兒、教育都無法發揮作用。因為，這意味著不管是治療、育兒、教育都無法引導人改變自己現在的狀態。

找出合乎目的的解釋

前面提到，阿德勒在談到心理創傷時曾說：「（我們）應該從經驗中找出合乎目的的解釋。」現在大家知道這個意思了吧。認為自己幼年時期過得不幸的人，會從自己過去的經驗中，找出可能受到影響的經驗。因為對他來說，這麼做是「善」，換言之，這麼做對他自己有好處。

從經驗中找出合乎目的的解釋就是賦予意義的一種形式。比如說，我們討厭某個人的時候，要列舉出許多原因並不難。例如，我討厭他優柔寡斷。但同樣的我，過去可能認為他是一個好相處、不會任意指使他人的人。又或者，我原本喜歡一個人是因為他做事井井有條，但後來可能又會嫌他老愛在小事上堅持。或者，以前覺得某個人不拘小節，後來卻覺得他太粗線條。為什麼會發生這樣的變化？當我不想和那個人維持關係時（這才是找缺點真正的「目的」），我就不得不找出他的短處。這樣才能把不和他繼續維持關係這件事正當化。

既然是為了不想維持關係而找對方缺點，那麼任何理由都成立。因為某種理由所以不想和對方維持關係，這種說明的方式就是原因論。在這個理論中，同樣的理由無法說明為何以前可以維持關係。為了找藉口結束這段關係，所以他必須採用原因論的思考方式。這意味著採用原因論的背後是有目的的。

阿德勒在說明從經驗中尋找合乎目的的解釋時，舉了一個做夢的例子，即希臘詩人西莫尼德斯被邀請去小亞細亞授課時的掙扎（《阿德勒心理學講義》）。

船已在岸邊等，但西莫尼德斯一直猶豫著要不要上船，不斷延後出發時間。他的許多朋友不斷勸他也沒用。某天，他做了一個夢，一個他曾經在森林碰到的死者現身對他說：

「我對你非常虔敬，因為你親手把我埋葬了，我這次來是給你一個忠告，千萬不要去小亞細亞。」

一覺醒來，西莫尼德斯就下定決心地說：「我不要去了。」

阿德勒認為，其實西莫尼德斯並非做了這個夢才決定不要去小亞細亞，而是他做這個夢之前就已經決定了。西莫尼德斯並不清楚這個夢的來龍去脈，「而是為了支持心中早就下好的結論，創造出某種情感或情緒而已」。我們平時也是這樣，即使做夢，通常醒來就忘了夢的故事內容。這時候，夢的故事內容本身已不重要。以西莫尼德斯的例子來說，為了讓自己下定決心「不去」，他只要創造出必要的情感就足夠了。

但問題是，從經驗中找出合乎目的的解釋這一點要怎麼說明？西莫尼德斯有那麼多的經驗，為什麼要挑出他與死者互動的經驗呢？阿德勒是這麼解釋的：

「很明顯他是因為害怕搭船渡海，受到死亡的觀念束縛。當時航海其實是一件非常危險的事，所以他很猶豫。他做了關於死者的夢，顯示他可能不是害怕會暈船而已，而是害怕船會沉沒。心裡被死亡的想法糾纏的結果，使得他選擇夢見過去與死者曾有過的互動。」（同前書）

表面上看起來是這個夢促使西莫尼德斯決定不去小亞細亞，其實是他先有「不去」這個目的，然後才選擇做了這樣的夢。

善的層次

看過上述幾個例子之後，我們可以發現，若把這個世界的現象，包含自己的行為，以目的論的角度看待時，我們就可以看見以前從未發現的觀點。但要怎麼個看法，才會接近目的論的看法呢？關於這部分，我必須再說明得更詳細一些。

如同大家在前面看到的，所謂目的論，就是人以對自己「有好處」的「善」為目的，並在這樣的觀點之下採取行動時的理解事情方式。這個善才是人行動的真正目標，而為了實現這個目標，人還會訂立次要的目標。但是這個次要目標（也可以稱作是為了實現終極目標的手段）實際上它到底是不是善，這是另一個問題。犯下殺人案的人，也是為了實現某種「善」才訂立了殺人這個次要目標。這個行為對他而言就是「善」，對他有好處，至少在他殺人的當下，他是這麼判斷的。

其實不用舉殺人這麼極端的例子也可以理解。無論是拜阿德勒為師，之後在美國對於阿德勒心理學的普及有相當貢獻的德瑞克斯（Rudolf Dreikurs），或是把阿德勒心理學引進日本的精神科醫師野田俊作，對於不恰當的行為目的舉的幾個例子像是「獲得讚賞」、「受人矚目」、「爭奪權力」、「復仇」、「無能的誇示」，每一項都是被放置在終極的善下位的次要目標。

比如說，爭奪權力的人認為這麼做對自己有好處。但是實際上是否真的對他有好處？是不是善的事情？那是另一回事。與人爭權，即使最後贏得勝利把對方逼到絕境，對自己也未必是百利而無一害。

如果能透過前述的目的論訂立目標，就可以把人從現在的狀態引導到完全不一樣的道路，這時候我們就需要治療、教育與育兒。原因論，如同我們前面看到的，它也是決定論，假如現在發生的事情，原因出在過去的經歷，那麼要改變現在的狀況，就只能透過某種方法回到過去重新修正，否則問題永遠無法解決。但目的論的看法不一樣，它訂立的目的或目標在未來，即使過去無法改變，未來還是有可能改變。

改變現在的狀態

我想應該有人會這麼說，人有時候衝動起來就是沒辦法控制自己，即使是平時很冷靜的人，一衝動起來也會口吐惡言，傷害、甚至殺害別人。前面我介紹過，某個殺人案件的嫌犯被問訊時說道：「我的性格易怒，因為他說了讓我不耐煩的話，所以我把他殺了。」但他只不過是把自己殺人的原因，轉嫁到對方說了令他不耐煩的話而已。不用舉到殺人的例子，日常生活中，我們可能也會「忍不住勃然大怒」，例如大聲對小孩子說話，甚至舉手作勢要打小孩。阿德勒自己還在搖搖晃地學走路的時候，曾因為生氣導致聲門收縮，引發輕微的無法呼吸的症狀。後來，阿德勒回想當時的狀況：

「那個時候我感覺非常痛苦，所以從三歲開始，我就下定決心不要生氣。從那一天以來，我從未生氣過，一次也沒有。」（霍夫曼《阿德勒的生涯》）

有些人可能會懷疑，一次都沒生氣過，可能嗎？生氣的目的，是為了主張自己的想法，並強迫讓對方接受自己的想法。主張自己的想法這件事本身並沒有問題。問題是透過生氣這樣的手段，真的可以把自己的主張傳達給對方嗎？發脾氣這個手段，確實在很多場合中，別人會因此而聽你說話，但絕對不是心甘情願的聽。如果生氣的人知道其他更有效的傳達自己主張的手段的話，他一定會選擇那個手段，但生氣的人不知道其他手段。因為他有過經驗，只要自己發脾氣，身邊的人就會願意聽他說話。阿德勒認為生氣的目的並不是真正驅使人做某件事的力量，而是為了讓別人接受自己的想法、照自己意思行動，所創造出來的情緒而已。

情緒不會控制人，只不過有些人認為可以而已。他們以為自己被情緒控制，忍不住勃然大怒。他們希望孩子照著自己的想法做，希望透過使用情緒來控制孩子。再加上，他們認為自己本來沒有受到情緒影響，但看到孩子的行動所以忍不住發火。孩子故意做些惹火大人的行動，這種說法也是屬於原因論。

英文的「passion」意味著激情、憤怒、熱情，這個字源自於拉丁文「patior」，意思是「蒙受」。一般大家會認為，passion 是被動的情緒，我們很難抵抗它的作用。但阿德勒的個體心理學屬於「使用的心理學」，他認為人不會被情緒、激情控制，反而是人「使用」情緒。情緒會透過人的意志（at will）出現或消失。

若認為人會因為生氣的情緒刺激被迫去做某件事而且無法抗拒，那麼人就永遠無法從生氣中獲得自由。但生氣的人可以冷靜想想，用生氣作為主張自我意志的手段是否恰當。只要他認為生氣對於自我主張的傳達並不是有效的手段，同時知道除了生氣之外，還有許多有效的方法，就有可能從生氣的情緒中獲得解脫。

連過去也跟著改變

前面我寫著，即使過去無法改變，未來還是有可能改變，但其實連過去都有可能改變。為什麼？因為過去也是由我們賦予它意義。當然，忘記也是改變過去的方式之一，但不是無原則的忘記，而是如果合乎某種目的他就會選擇忘記，相反的，如果回想起來才合乎目的，他就會選擇回想起來。當我們選擇記得什麼或忘記什麼，其實就已經在對過去賦予意義。即使是記得的事情，當事人對它的詮釋也會隨著時間改變。為什麼會改變？因為回想過去的那個人「現在」改變了。

某位朋友曾告訴我一件他兒時的回憶。當時和現在不一樣，被棄養的狗和流浪狗很多。他的母親常告誡他，你越跑狗越愛追你，所以你看到狗千萬不要逃跑。

「有一天，我和兩個朋友走在一起，前面有一條狗朝我們走過來。我趕緊照我母親說的，站在原地一動也不動。我身邊的兩個朋友卻是頭也不回地跑走了。」

結果，他的腳還是被狗咬了。

他的回憶到此為止。如果這是最近才發生的事情，他的回憶大概不會停留在腳被狗咬就結束了。但每次他提到這個回憶，怎麼也想不起來被咬傷之後發生了什麼事。

「自從有過這個經驗之後，我開始覺得這個世界充滿危險。」他說。他開始擔心走在路上會不會突然被車子撞到？即使待在家，說不定飛機會從天上掉下來。看到報紙刊登疾病的報導，會害怕自己是不是也受到感染了，惶惶不可終日。

他想說的是，被狗咬傷這件事就是讓他覺得世界充滿危險的原因，但以目的論的觀點來看，他是為了把這個世界想像成充滿危險的地方，所以從過去無數的記憶中，回想起被狗咬傷的這個回憶，而且回想不起來被狗咬傷之後的事情。

他把這個世界看作充滿了危險其實是有目的的，這個我留待後面再說明。不過，之後他回想起他原本一直想不起來的回憶：

「過去我回想這段回憶時，都記不得被狗咬傷之後發生的事，現在我想起來了，後來有一個不認識的叔叔用腳踏車載我去附近的醫院。」

這麼一來，他被狗咬傷這件事仍然沒有改變，但故事已經完全不同了。前面的回想是為了印證他對這個世界的想像，也就是這個世界充滿危險。在後面的回想中，故事完全不同了，他再也不覺得這個世界充滿危險，或者聽別人的（在回憶中，以他的母親為代表）告誡下場會很慘，而是當你遭遇到困難的時候，有人會來幫助你。

為什麼改變會這麼大，因為他賦予這個世界的意義改變了。

從器官缺陷到自卑感

賦予意義也可以用在自己身上。前面提到，阿德勒創造出器官缺陷理論的背景，來自於他自身幼年罹患佝僂病，身體無法自由活動這個事實。阿德勒關注的重點，會從客觀的器官缺陷轉移到主觀的自卑感。也是因為他從自身的經驗了解到，器官缺陷並不一定會引起自卑感。

阿德勒有一個大他兩歲的哥哥——西格蒙德（Sigmund）。對阿德勒來說，這位哥哥是他永遠的宿敵。為什麼這麼說，因為西格蒙德又聰明又是大哥，在猶太人家庭中，這樣的人通常可以取得優勢的地位。更重要的是，西格蒙德身體非常健康。一般我們會想，阿德勒可能會以自己有佝僂病身體無法自由活動、和大哥無法相比為理由，最後變得不愛與人交際往來。

但實際上阿德勒對於自己的病痛，卻是用建設性的態度做補償。我特別注意到阿德勒曾說過一句話：「大家都盡心盡力地幫助我。母親和父親已為我盡了一切努力。」這件事情成為阿德勒把他者視為「同伴」的契機，進而提出他那獨特的理論。但同樣的經驗發生在別人身上，那人可能會變得更加依賴父母。

阿德勒在他晚期的著作中，也經常提到器官缺陷。但他強調，器官的孱弱並非問題，問題在於小孩子會因為器官缺陷與他人陷入緊張關係。即使是身體健康的孩子，也會因為其他狀況，面臨與擁有器官缺陷的小孩同樣的困難與緊張（《教育困難的孩子們》）。

這些孩子在平時的生活上並沒有發生任何實質的障礙，但他們會覺得自己和別人不一樣，而且是比不上別人的那種，因此容易產生自卑感。像是長得太高、太矮、太胖、太瘦等等。這些事情或許他本人很在意，但實際上稱不上是缺陷。

會產生這種自己比不上別人的感覺，是因為他對自己賦予了某種意義。就算是有器官缺陷的人都不一定會賦予自己負面的意義了。主觀的自卑感充其量不過是一種比不上他人的「感覺」與「心情」而已，應該不會對自己的人生造成決定性的不良影響。但連那些已經被公認是美女的人，卻還是會擔心自己長得不好看，使我們不禁想問，為什麼會發生這樣的事？這是我們接下來要探討的問題。其實，產生自卑感背後也有著目的，相信大家讀到這裡應該不難理解我的意思吧。

第三章

生活型態——對自己與世界所賦予的意義

何謂生活型態

阿德勒把我們對於這個世界、人生以及自己所賦予的意義稱為「生活型態」（Lebensstil, lifestyle），一般我們會把它稱作「性格」。阿德勒認為，生活型態就是性格外在形式的表現（《性格的心理學》）。他認為，性格並非與生俱來，雖然不容易、但確實有可能改變，所以他不使用性格這個容易讓人以為是與生俱來而難以改變的字眼，而使用生活型態。

對照上一章提到的「目的論」來看，人對於身體的行動就不用說了，包括情感等心理層面的變動，都會訂立目的與目標。訂立什麼目標、採取什麼行動才能往目標邁進，這些問題因人而異，但一定有一個可以貫穿個人的人生，使他朝目標邁進的特有行動法則。

比如說，在人際關係中，我們會不斷地累積經驗，知道怎麼做比較順利或比較不順利，漸漸地建立一個解決問題的模式。解決問題的方法雖然偶爾會有失靈的時候，但大部分都能適用，即使狀況或人改變也是一樣。雖然，有時候與其找新的解決方法，不如用習慣的舊方法應對比較方便。但相對地，若不懂靈活變通，面對新狀況時，可能無法做出適當的應對。

「人潛藏很大的可能性，每個人都有可能成為和別人不一樣的人」，生活型態、行動法則也是，每個人的節奏、韻律、方向都不相同（《追求生存的意義》）。用比喻來說就是，人從一出生的瞬間就開始寫自傳，直到死亡才算完結。生活型態中所謂的型態指的就是這本自傳中的文章風格，以及作者獨特的表現手法和文體。

對自己與世界所賦予的意義

我們處理問題的態度，和我們對於自己與世界所賦予的意義有關。比如說，你一直對某個人有好感，心想若兩個人有獨處的機會，一定要跟他說話。就在此時，他正好從對面走過來。當你們正要擦身而過時，你抱著豁出去的心情正打算對他打招呼的時候，對方卻把目光撇開了。當你看到他撇開目光，你心中已經對於這個事態產生解釋了。若發生這種事，你心裡是怎麼想的呢？這個問題拿去問許多人，最普遍的回答應該是：他刻意躲避我。但不可能所有人的回答都一樣。有人會說，他眼睛跑進灰塵了。甚至有人會回答，他對我有好感，只是害羞所以撇開目光。也有人認為一定是對方沒看到我，所以他甚至還出聲叫住對方。

認為對方在刻意躲避的人，表示他對自己的評價很低。假使他對於對方擦身而過、眼神閃避的行為，無法做出善意友好的解讀，甚至責怪對方、態度和想法都很消極的話，表示他認為這個世界是一個充滿恐懼的地方。

現代的阿德勒心理學對於生活型態的定義如下：

1 自我概念

2 世界觀

3 自我理想

自我概念指的是自己對自己賦予的意義。如同上一章談到自卑感時提到，許多被公認是美女的人反而認為自己長得不好看，或是明明看起來很瘦的人卻認為自己很胖。同理，認為對方擦肩而過時眼光閃避是想躲避自己的人，會認為沒有人對自己有好感。

世界觀指的是自己對於周遭的世界賦予的意義。有人認為這個世界很危險，也有人認為很安全。有人認為身邊的人都是同伴、都會幫助自己，也有人認為身邊的人都是敵人，說不定想陷害自己。

自我理想指的是想像自己應該成為怎麼樣的人。自我理想的種類很多、五花八門，比如說「我應該要成為優秀的人」、「我應該受眾人喜愛」。

形象產生之後，人就會設定目標，然後開始追求，這就是自我理想。自我理想可以是目標，也可以是為了達成更高一層目標的手段。

預測未來

阿德勒說：

「只知道一個人從哪裡來，很難推測出他的行為模式。但只要知道他要往哪裡去，就能預言他會往哪個方向邁開腳步，或是用怎麼樣的行動朝目標前進。」（Adler"Character and Talent"）

不看「從哪裡來」，只看「要往哪裡去」，這就是目的論的立場，只要知道人將往哪裡去，就可以預測人的行動。同樣的，只要知道一個人的生活型態，也可以預測他的行動。一個人的世界觀如果是嘲笑他人的失敗，那麼他面對困難的工作時就會感到緊張。一個人的自我理想如果是「必須樣樣拿第一」，那麼不難猜想，他遇到太過困難的測驗時，就會想放棄。不喜歡自己的人會認為別人不可能喜歡自己，即使被別人告白，也會覺得對方應該是弄錯了或是在開玩笑。

但假使我們的目標是在未來，我們就有可能改變自己對於自己與世界所賦予的意義，當然也就能改變人生。阿德勒說：

「個體心理學的『預言性』有兩層意義。它不僅可以預言未來會發生的事，還可以像預言家約拿一樣，把原本會發生的事，透過他的預言，變成不會發生。」（《阿德勒心理學講義》）

約拿是一位經驗老到的預言家，根據《約拿書》紀載，神命令他必須前往亞述帝國的首都尼尼微向大家預言該城即將滅亡，但約拿不遵從命令反而坐船逃走，結果遭遇暴風雨。船上的人知道遭遇暴風雨來襲的罪魁禍首是約拿之後，把他被丟進海裡作為獻祭。後來，約拿被大魚吃掉，然後又被吐在陸地上。接著，約拿確實地預言了尼尼微的滅亡，但尼尼微的居民得知預言後紛紛悔改，神看到居民的行為後，便決定不降災禍給他們了。

阿德勒總是不斷強調，預防勝於治療（《教育困難的孩子們》）。透過生活型態，我們可以在弊害發生之前先給予治療，如同約拿的例子「透過預言，避免災害發生」。

生活型態就是一種認知偏見

生活型態就是自己對自己與這個世界所賦予的意義，根據這個意義，決定對自己或對這個世界的看法。這就是所謂的認知偏見。

於阿德勒晚年擔任他的秘書的 Evelyn Feldman 在阿德勒去世時，曾拜託阿德勒的妻子拉依莎（Raissa Epstein），把阿德勒的眼鏡留給他。人家問他為什麼要拿眼鏡。Feldman 回答：

「我想用阿德勒的眼光看待人生。」（Manaster et al. eds., *Alfred Adler: As We Remember Him*）

生活型態就像是透過眼鏡或隱形眼鏡看待自己與世界，所以有時候我們會像明明戴著眼鏡還在找眼鏡那樣，把看待自己與世界的方式看得太過理所當然，我們明明遵循某種生活型態，或透過它觀看、思考、感覺這個世界並採取行動，但自己卻渾然不知。換個角度說，想要改變生活型態是很困難的一件事。想一想也沒錯，叫一個人改變他的生活型態，結果那個人根本不知道自己的生活型態為何，不知從何改起。唯有知道我們都是透過生活型態看待這個世界，而且是帶著非常偏見的眼光看待這個世界，並意識到生活型態的存在，我們才有可能跨出改變生活型態的第一步。

自己選擇的生活型態

以上，就是生活型態的說明。由此可知，我們每個人都看著同一個客觀的世界，但都活在不同的世界。即使父母自認對每一個小孩子的教養方式都一樣，但對小孩來說，父母對自己的關注、關心和愛絕對和其他小孩不同。對小孩來說，即使生長於同一個家庭，也宛如活在不同的世界。引用阿德勒的說法就是：

「大家常誤會，以為一個家庭中的小孩是在同一個環境中成長。當然，對生長在同一個家庭的人來說，彼此共通的地方很多。但是，每個小孩的精神狀況都是獨特的，各自的狀況都不相同。」（《人為何會罹患精神官能症》）

這個差異並不是客觀的。幼年時期的狀況，會因為當事人不同的解釋，賦予它完全相反的意義。每個人都不是活在同一個世界，而是活在自己定義的世界裡。

所以說，即使是生長在同一個家庭的小孩，每個小孩的生活型態也都不會相同。但要怎麼解釋每個小孩的生活型態都不相同這件事？只有一個可能，那就是——這是小孩自己決定的。

阿德勒認為，生活型態在兩歲的時候就會被確認，最遲到五歲一定會做出選擇。有人認為這個時候的孩子，語言尚未發展完全，在還沒完全學會語言之前，就要做出生活型態的選擇，而且在長大之後的現在還要被追究責任，實在很不合理。對此，阿德勒的想法是：既然你「現在」知道自己的生活型態為何，關於「未來」要怎麼做，你就有責任了。換句話說，既然你已經知道自己的生活型態為何，之後你必須自己決定要怎麼做，或者說，你非決定不可，沒有別條路走。阿德勒的這個想法值得我們關注。

以現代阿德勒心理學的觀點來看，生活型態被決定的時間發生得較晚一些，大約在十歲前後。在此之前發生的重大事件，包括生病、受傷、搬家，人只會有朦朦朧朧的記憶，無法回想起正確的時間順序，也就是說不清楚哪件事是幾歲的時候發生的。即使你感覺快回想起來，記憶也總是模糊的，難以聚焦。

生活型態的選擇確實會受到各種因素影響，以遺傳或環境來說就是手足關係、親子關係，再加上那個人出生的時代、社會、文化背景，每個人一定都會受到這些因素的影響。

這些因素和目的論又有什麼關係呢？有的，因為人要往哪裡去，是由他的自由意志決定的。阿德勒在這個地方使用了「創造力」這個詞。人並不是受到外在的刺激或環境，或過去事件的影響，做出機械性的反應。那些對生活型態選擇造成影響的各種要素，雖然可以決定你現在的樣子，但你也可以把它們當作「素材」，決定自己將要往什麼方向前進。

前面提到，阿德勒離開佛洛伊德的維也納精神分析學會，把自己的理論取名為「個體心理學」，就意味著阿德勒開始對於個人的統一性（unity）以及個人的獨立性（uniqueness）有著強烈的關心。人即使被置於相同的狀況下，也會做出與其他人不同的決斷。阿德勒關心的是活生生的、眼前的「這個人」，而不是普遍概念的人。

還有一點要注意的問題是：類型分類。一開始對心理學產生興趣的人，大多是因為想了解自己的性格屬於何種類型。就像血型和星座占卜受到大眾喜愛那樣，有的人想了解自己，有的人想知道自己跟何種類型的人比較合得來。但是阿德勒提醒大家，我們在關注生活型態的問題時，不要把類型套用在個人身上。

我學習心理學的時間很晚，一開始我是學哲學的。第一次讀到心理學的書時，其實心裡並沒有很大的共鳴，雖然覺得內容很有趣，但總覺得上面寫的東西無法套用在我自己身上。只有阿德勒的心理學吸引了我的注意，因為他的心理學不是通則命題式（nomothetic）而是個人描述式（idiographic）的心理學。把個人分成各種類型這樣的想法，與阿德勒的想法，從根本上就完全不相容。

阿德勒確實有把生活型態和性格分類（例如《性格的心理學》），但那只是「為了讓人容易了解個體間相似性的知識手段」（《阿德勒心理學講義》）。分類或理論是用來說明現實的手段，當它們與現實發生齟齬，就應該重新審視理論，而不是把現實當作例外處理。這個想法和阿德勒認為我們在教育小孩時，不可以把心理學當作「毫無通融，只能機械性套用」的理論，也就是不可以把一般性的規則套用在個別狀況上的想法一致。

影響生活型態的決定因子

雖說生活型態是由自己選擇，但它不是憑空冒出來。確實有因子（影響因子）會影響生活型態的決定。但是這些東西只是素材，最終還是由自己決定生活型態。選擇生活型態時，知道有那些影響因子，還有這些因子會對於生活型態的決定造成多少影響十分重要。改變自己的生活型態之前，你必須要有一個自覺，那就是未來當你回首過往，即使知道有別的選項可選，但回到當下，你仍然會做同樣的選擇。

遺傳的影響

影響生活型態形成的因子，最容易聯想到的應該就是遺傳，但阿德勒並不重視遺傳。後面我們會探討阿德勒的教育論，他認為教育最大的問題在於小孩的自我設限。阿德勒認為小孩若真正對某件事情感興趣，那件事情就會激發出小孩的聰明才智，「每個人都可以完成任何事情」（《阿德勒心理學講義》）。阿德勒的想法是：「重要的不是你被賦予了什麼，而是你如何使用被賦予的東西。」（《人為何會罹患精神官能症》）很多小孩就是因為太過在意自己「被賦予了什麼」，反而對自己的能力設限。這時候，最常被提出來的理由就是遺傳。阿德勒說：「遺傳的問題並不那麼重要。重要的不是你遺傳到了什麼，而是你從幼年開始，怎麼使用這些遺傳到的才能。」（《阿德勒心理學講義》）所以我們才說阿德勒心理學不是「通則的心理學」而是「使用的心理學」。

阿德勒認為遺傳只是影響生活型態的因子之一，對它並不重視。相較之下，會為小孩子的生活帶來不便的身體缺陷（也就是器官缺陷），對於生活型態形成的影響更大。如同前面我們看到阿德勒自身的例子，有些小孩會透過適當的方法做補償，變得不依賴他人，努力面對自己的人生課題。相對的，有的小孩的依賴心反而變得更重，把只能靠自己解決的人生課題，請他人代為承受。選擇哪個態度，端看本人決定。對於自己幼年曾罹患佝僂病的經驗，阿德勒說：「重要的不是我的經驗，而是我為什麼會做出這樣的判斷，把這段經驗化為自己的助力。」（Bottome, *Alfred Adler*）

環境的影響

環境，在這裡我們專指人際關係，像是手足關係、親子關係都會對於生活型態的形成造成強烈的影響。當然，生存的時代、社會與文化也會有一定程度的影響。但如同前面所說的，這些因素都只是「素材」，無論你調查某個影響因子到多麼細微的地步，都無法完整說明生活型態。以下，我們依序來看手足順位、親子關係以及文化分別會對生活型態的選擇造成什麼樣的影響。

手足順位

手足順位對生活型態的決定影響甚鉅。有時候，比起在同一個家庭長大的手足，不同家庭但同順位的小孩，彼此之間的相似度反而更高。手足關係帶給小孩的影響為什麼比我們等一下要看的親子關係還強呢？原因在於，許多父母教小孩時，不是責罵就是誇獎，這件事在孩子之間，會引發激烈的競爭關係。對於那些老是挨罵，一直沒辦法獲得稱讚的孩子而言，絕對沒辦法樂觀地看待這件事。

以下，我會提到不同順位的情況，但這只是「傾向」（《阿德勒心理學講義》）。只要兄弟姊妹的人數或性別分布、排序（家族排行〔Family Constellation〕）不同，長子的傾向就不同。因此，即使在同樣的家庭星座中長大的小孩，長大之後也不會變得一樣。因為小孩會決定自己要賦予手足順位什麼樣的意義。每一個手足順位都有它固有的不利之處，有的小孩為了補償這個不利之處，會以建設性的答案回應，有的則是以破壞性的答案回應，要選擇哪一種，因小孩而異。即使父母親的關心方式都很適當，孩子要選擇哪一種答案，依然是由他自己選擇。當然，若父母親都可以透過適當的方法關心孩子，那是最好不過了。

長子一出生就可以獨佔父母親一段時間。但要不了多久，父母親對自己的關注就會被妹妹或弟弟奪走。即使父母親對他說：「我們還是和過去一樣愛你。」事實上，父母的時間和注意力都不可避免地一定會分散到弟弟妹妹身上，原本享受父母親全部的愛、關注、關心，備受寵愛的長子，將會體驗到「失去寶座」的滋味（同前書）。

哥哥姊姊失去寶座後會想盡辦法奪回來。一開始，他會幫父母親的忙，做一些會得到父母稱讚的事情，希望得到父母的關注。當他發現這麼做沒辦法得到父母的關注時，他就會一百八十度地大轉變，淨做一些會讓父母感到困擾的事。透過給父母帶來麻煩，使父母不得不關注自己。他會故意做一些能惹火父母的事，這樣父母就會罵他。小孩大概也知道用這種方法吸引父母的注意並不恰當。為什麼？因為大多數的情況下，孩子知道要做什麼才會惹父母生氣。其實他們不喜歡被父母罵。既然如此，為何還要這麼做？他自己也不知道。恐怕連他的父母也不知道。

大抵來說，假使長子很勤勞、努力，長大後有可能會成為靠自己的力量解決問題的人，也可能會變成保守型的人。他們害怕身邊會出現與弟弟妹妹相當的競爭對手，會讓他從寶座上跌落，就像他小時候經驗到的那樣。但是，這不是因為他失去寶座的經驗造成的，而是他選擇了保守的生活型態。石頭被丟出去一定會朝一定的方向，以一定的速度落下。但「心理性的低落」並沒有嚴格的因果律問題（《孩子的教育》）。

手足順位居於中間的小孩和長子不同，他們一出生就有哥哥或姊姊，所以從未獨佔過父母的愛。即使如此，他們在出生時仍有一陣子可以獲得父母的關愛，只是下面的弟弟妹妹會接著出生。為了獲得父母的關注，他可能會出現行為問題，但也可能完全放棄父母的關注，比其他手足更早邁向自立的道路。

老么不像他的哥哥姊姊，從未被交代過這樣的話：「從今天起你是姊姊（哥哥）了，做得到的事情都要自己來。」即使他長到哥哥姊姊的年紀，也不必被要求一樣的事情。因此，老么可能會成為依賴心很重的小孩，也有可能變得和凡事都要自力求生的長子不同，會盡量避免做無謂的努力，認為有必要時就會立刻請求協助。

獨子自小缺乏經歷人際關係複雜糾葛的經驗，不擅長處理人際關係。由於他沒有其他的競爭關係，經常能獲得父母的關心，或許會在溺愛的環境中成長。因此，有可能會變成依賴心很重，同時又是自我中心的人。另一方面，他也可能變成非常獨立，努力學習和他人相處的人。獨子沒有其他手足，所以他的競爭對手就是父親。阿德勒認為，受到母親寵愛的獨子，他的戀母情結可能會比一般人更加強烈（《自卑與超越》）。

吸引父母關注

不管是哪一個順位的小孩，假如一直希望父母的關注都應該在自己身上，最後很容易會產生問題。會產生什麼問題？我們後面會談到。當小孩故意在父母面前做出偏差行為時，阿德勒認為我們應該看他的目的，而不是原因。吸引父母的注意力才是小孩子產生偏差行為的目的。假如吸引父母關注是他的目的，那麼不管此時父母採用任何形式，只要他關注小孩的行為，小孩的行為就會持續。身為父母，這時候應該怎麼處理這個問題呢？這點等我們後面談到阿德勒的教育論時就會有答案。在此我想指出的是，兄弟姊妹選擇的生活型態出現很大的歧異，原因出在父母加強了小孩彼此之間的競爭，即使父母沒有強烈意識到這點。小孩為了獲得父母更多的關注而故意做出偏差行為，這才是真正的原因，並非一般認為的是父母給的愛不夠。

親子關係

親子關係也和手足關係一樣，會對小孩的生活型態形成造成很大的影響。前面提到，父母會加強小孩彼此之間的競爭，即使父母沒有強烈意識到這點。現在的父母在教育小孩時，假如小孩都會乖乖聽話，表現得非常「理想」、非常順從的話，那就另當別論，但我想當小孩反抗父母時，很少父母不會責備孩子吧。父母責備孩子，一定會對孩子的生活型態塑造造成很大的影響。因為孩子們之中，有的孩子被罵，就表示有的孩子不但沒被罵，還會得到稱讚。

父母在責備孩子或稱讚孩子時並非毫無原則，而是根據某種基準，小孩面對這樣的基準時，會被迫必須決定自己的態度。比如說，假如父母很重視學歷，學歷就會成為這個家庭重視的價值之一。這也稱作「家庭價值」。

有些家庭注重權威，家庭之中的某個人具有權威性，決定事情時握有主導權，其他的家人只能聽從。相對地，有的家庭注重民主，無論大人小孩一律平等，都擁有一票的權利，決定事情時，是用民主的方式討論。每個家庭中一定都有類似這種決定事情的規矩。對照前面說的家庭價值，這種風氣就稱作「家族氛圍」。家族氛圍是我們在無意識中被灌輸的觀念，因此當我們和不同氛圍的家庭中成長的人結婚時，很容易產生問題。結婚後會發現，許多對自己來說理所當然的事情，對對方來說並非如此，這些問題都會一一浮現。

比如說，某個男性認為：「明明我每個禮拜都帶家人出去玩，家裡的經濟也不用你擔心，到底還有什麼不滿。」或許這位男性從小就是在這樣的環境下長大，不知道別的家庭可能會對這麼做感到不滿。

阿德勒的幼年時期

接下來我會介紹阿德勒在什麼樣的家庭關係中成長，又在這樣的家庭中形塑出什麼樣的生活型態，再把它與剛才介紹的手足關係、親子關係做對照與考察。

一八七〇年二月七日，阿爾弗雷德・阿德勒於維也納近郊一個叫魯道夫斯海姆的村莊出生，他生長於猶太人家庭，在七個兄弟姊妹中排行老二。父親利奧波德（Leopold）出身於當時隸屬於匈牙利的布根蘭邦，是一位非常富裕的穀物商人。他沒有受過正規的教育，對於追求知識的欲望並不高。母親寶琳（Pauline），據說是一位個性有點神經質的人。她的身體很虛弱，不過是一個會幫忙丈夫事業，同時又是十分勤勞的母親和主婦。

哥哥西格蒙德比阿德勒大兩歲，阿德勒後面還有五個弟弟妹妹，赫曼、魯道夫、艾爾瑪、馬克思、理查德。阿德勒上有兄長，下有弟妹，屬於中間順位的小孩。一般來說，中間順位的小孩一出生，上面就有比他大的哥哥姊姊在。即使一開始的幾年，父母的關注大多會落在自己身上，但和長子不同，他從未獨佔過父母的關注、關心與關愛。而且當弟弟妹妹出生，父母的關注就立刻轉移到弟弟妹妹身上。這正是阿德勒的體驗。

在他兩歲前，母親確實非常寵愛阿德勒，但弟弟出生後，母親就把注意力轉移到弟弟身上。這就是阿德勒把對母親的愛轉移到父親身上的背景因素。除此之外我後面會提到，這也是阿德勒否定佛洛伊德的戀母情結理論的根據之一。

在兄弟姊妹眾多的大家族中，阿德勒開朗的性格獲得強化。在所有兄弟姊妹之中，他只和他的大哥關係不好。西格蒙德對阿德勒來說，是非常強勁的敵手。這個哥哥大他兩歲又是猶太人家庭中的長子。巧的是，影響阿德勒甚深，最後又不得不與他決裂的佛洛伊德，他的名字恰巧也叫西格蒙德。名字相同當然是偶然。只是，即使到後來阿德勒談到他那成為富裕商人的哥哥時，仍忍不住嘆了一口氣：「我那優秀又勤勞的哥哥總是跑在我前面，現在仍是。」可見阿德勒受到哥哥的影響很深，讓人忍不住聯想，他對佛洛伊德抱持的感情是否就像對哥哥那樣，進而影響到他選擇的行動。

哥哥西格蒙德為什麼對阿德勒來說是強勁的競爭對手，因為西德蒙德既聰明又是猶太人家庭中的長子，傳統上就佔有優勢地位，更別提西格蒙德的身體十分健康。阿德勒認為，自己永遠只能活在模範哥哥的陰影之下。前面我們提過，阿德勒和西格蒙德剛好相反，從小罹患佝僂病，不像哥哥可以毫無障礙自由自在的活動，這是他做不到的事。

但即使有這些先天上的差異，如同前面我們看到的，阿德勒曾說：「大家都盡心盡力地幫助我。母親和父親已為我盡了一切努力。」阿德勒選擇把注意力放在家庭的援助上面。這一點，拿來把它與阿德勒後來形成的思想兩相對照，著實讓人會心一笑。因為，阿德勒後來的想法，就是把他人都當作是在必要時刻會伸出援手的「同伴」。

但如同我們先前提到的，不是每個人都能像阿德勒一樣，對器官缺陷作出建設性的補償。也有人是以器官缺陷作為理由，不努力去解決自己的人生課題，即使自己做得到的事情，也要叫別人代為解決。因此，阿德勒很快就注意到，能否積極面對、努力解決自己人生課題的理由，和身體有無障礙並沒有關係。

不是每個人接受器官缺陷的態度都一樣。有些人和阿德勒不同，反而以器官缺陷作為迴避人生課題的理由，但也有人不把身邊嘲笑自己的人視作敵人，或把這個世界看作是危險的地方。

以阿德勒來說，他自知自己怎麼樣也贏不過哥哥，所以選擇一條和哥哥不同的路，立志成為醫師。阿德勒是中間順位的小孩，這樣的小孩和長子不同，從未獨佔過父母的關愛、關注和關心。由於中間順位的小孩很難得到父母的關注，所以有些小孩會透過問題行為，吸引父母的關注。但有的小孩會早早放棄，不寄望得到父母的關注，專注在自立的道路上前進。這種差異的產生，關鍵在於本人的決心。

前面我們都把焦點放在阿德勒對哥哥西格蒙德的想法。對哥哥來說，繼承父親家業是作為長子不得不接受的命運。西格蒙德為了幫忙因穀物商工作忙得不可開交的父親，不得不從文理中學（Gymnasium 中等學校教育體系）退學。相對的，阿德勒則不受家庭的束縛，可以如願地當上醫師。他很在意身為哥哥的西格蒙德對這件事的看法。後來，阿德勒家族曾因為父親工作不順利，使得經濟陷入困境，為了脫離這樣的困境，家人都把希望寄託在哥哥事業的成功。雖說這樣的重責大任是由家族賦予給他，但為了撐起這個家，沒有接受大學教育的西格蒙德，據說對弟弟阿德勒一直存在著一股難以壓抑的怒氣。

阿德勒的親子關係

接下來我們來看阿德勒的親子關係。以他的情況來說，親子關係也對他的生活型態形成造成很大的影響。阿德勒跟父親的感情比跟母親好。阿德勒認為母親是個無情的人，認為她寵愛長子西格蒙德更勝於自己。再加上弟弟魯道夫在阿德勒四歲時過世後，母親居然在喪禮那天笑了出來，這件事讓阿德勒一直無法接受。

阿德勒在著作中，在舉「早期回憶」（Early Recollections）的例子時，曾談到自身的經驗。他以「某個人」的回憶作為描述，用第三人稱的方式，提到母親在弟弟死亡之後臉上露出笑容一事。早期回憶指的是孩提時期的記憶。在心理諮商的過程中，治療者常會藉由詢問當事人的早期回憶作為調查生活型態的線索。當事人被問到早期回憶時，一開始會感到困惑，不確定自己還能記得什麼，但在這種時候若當事人可以毫不費力地回想起某種回憶，那段回憶可以清楚地顯示出他的生活型態。在無數個回憶之中，他能很快地回想起某個特定的回憶，表示那個回憶可以確實反映出他現在的生活型態。不符合現在的生活型態的回憶，就不會被他回想起。

詢問當事人早期回憶，並不是為了確定他過去哪個時間點的哪個經驗，形塑了他現在的生活型態。

「（這個人的）第一個回憶是，他四歲時弟弟死去的事情。喪禮那天，他和祖父在一起。母親那時悲傷地說不出話來，心情沉重，從墓園一路啜泣回家。但這名少年卻看到母親嘴角露出一絲絲微笑。他感到非常困惑。此後，很長一段時間，他為了弟弟被埋葬那天母親露出笑容這件事，感到非常憤怒。」（《人為何會罹患精神官能症》）

她的母親為什麼笑？有可能是祖父對她母親說：沒關係，孩子將來再生就有了。實際上到底發生什麼事，沒有人知道。假設阿德勒後來對母親懷有很深的憤怒情緒，當他思考自己與母親的關係時，這就是非常重要的事件。

因為有這件事，阿德勒覺得自己跟父親的感情比較好，包括後來他質疑佛洛伊德的戀母情結理論的正確性，也是基於自己的體驗。佛洛伊德認為，男性會憎恨父親，和母親感情較好。但阿德勒對照自己的經驗，自己和父親距離較近，和母親距離較遠，因此他認為所謂的戀母情結並不如佛洛伊德所說是普遍的事實，而是只適用於被溺愛的小孩。

去世的孩子也會引發仍在世的兄弟姊妹之間的競爭關係。小孩早夭之後再被生下的小孩，一定會受到父母額外的關注，這一點不難理解。

阿德勒曾認為母親是個無情的人，但後來他責備自己這個態度：

「現在我才知道我的母親是天使，她對我們的愛是平等的。但我小時候曾對母親抱持錯誤的想法。」（Bottome, *Alfred Adler*）

就父母的立場來講，教養小孩時，一定會盡量避免讓小孩產生誤會，以為自己受到不平等的對待。但有時候，父母自己會成為負面教材，又或者，不管父母怎麼正確地教養小孩，仍無法避免小孩產生誤解。

父母在責備小孩或稱讚小孩時並非毫無原則，而是根據某種基準，這個基準就會成為前面說的家庭價值，而小孩們面對這樣的基準，被迫必須決定自己的態度。比如說，父母崇尚學歷，那麼小孩子可能會遵從父母的價值觀，也可能會否定。父親認為次子阿德勒書讀得好，期待他成為律師或醫師等社會菁英，而阿德勒也回應了父親的期待。

阿德勒的父親給予小孩最大限度的個人自由，不曾處罰他們，也不曾親暱地觸碰他們。這種作法在當時的維也納非常罕見。後面我們會提到阿德勒對教育的想法，還有他教養孩子的態度，大家可以從中清楚看出阿德勒父親的育兒態度如何影響阿德勒。

阿德勒不喜歡權威式的教育，他認為無論是男女、無論是大人小孩都應該是平等的。他的這個想法就是受到父親的影響，除此之外，他在民主式教育的家庭氛圍中成長的背景，對他的影響也很大。

文化的影響

作為生活型態形成的影響因子，文化也是其中之一。關於男女應該扮演何種角色，也會受到文化的影響。文化對於生長在其中的人而言，是所有自明之理的集大成，想要改變無意識中受文化影響的生活型態並不容易。因為文化會不知不覺地滲透進人的思考方式與感受方式。

在日本生長的人，他學到的表達方式絕對不是直接說出主張，而是間接地表達自己的意志。而且這種表達意志的方式，會被認為是體貼、細心的美德。這對生活在這個文化中的人而言，幾乎是理所當然的事情。假如我們真的能不透過語言就能了解對方的心情的話，那就另當別論，但實際上根本不可能做到。但是，那些認為每個人都應該了解別人的心情與想法的人，一定也會用同樣的標準要求別人。也就是說，他認為別人應該要了解我正在想什麼，即使我不說任何的話，他也應該要了解。但現實上，他不說話，別人根本無法知道他在想什麼。即使如此，他還是會責備不理解他的想法的人。

姑且不論這樣的文化是好是壞，可以肯定的是，它會對我們的生活型態的形成造成很大的影響。

阿德勒出生於猶太人家庭。但感覺上，阿德勒對宗教並不感興趣，也不對自己的猶太背景感到自豪。晚年，他改信基督教。他並不否定宗教的價值與重要性。甚至，我們後面會提到，阿德勒的思想的核心概念「共同體感覺」，某種意義上就帶有宗教的面貌。阿德勒對猶太教的記憶如下。

阿德勒五歲的時候和家人一起上猶太會堂，他覺得無聊透了，大家一直在祈禱，彷彿永無止境似的。這時，他看到伸手可及之處，有一塊禮服的布角露在餐具櫃的抽屜外面。他抓住禮服的一角，緩緩、慎重地用力往外拉。突然，餐具櫃傾斜，發出可怕的巨響倒在地上。阿德勒立刻一溜煙逃離猶太會堂，他覺得自己一定會遭天譴。

另一次，阿德勒一家人正在過逾越節。阿德勒聽說在這一天，天使會調查猶太人家庭，看看大家有沒有供奉猶太逾越節薄餅（無酵餅），他很懷疑，想調查清楚。在節日當天的夜晚，家人都就寢後，阿德勒下樓把餐具櫃中的發酵餅拿來和祭壇上的薄餅交換。他好幾個小時沒睡，就為了等待從天而來的訪客。結果天使沒有現身，但阿德勒並不感到驚訝。

父親時常在早上和阿德勒散步時對他說：「阿爾弗雷德，不管對方是誰，跟你說什麼，你都不可以相信。」

阿德勒曾在書中寫道：

「也就是說，我說出來的事情，一定都要有我自己的經驗作證，這對我來說是非常嚴格的課題。」（《追求生存的意義》）

懷疑主義成為阿德勒最顯著的特徵之一。當然，我們可以說他受到父親的影響很大，但我比較希望把他的經驗拿來作為生活型態的形成會受文化影響的例子。同樣在猶太教家庭出生的人，並非每個人都能像阿德勒一樣有這種想法。先不去評論這種想法的好壞，只是我們可以看出當人們被迫決定態度時，文化確實是影響生活型態形成的重要因子之一。

阿德勒反對無法證明的理論。他認為，許多宗教的信念都是叫人相信人無法掌控自己的命運，使得個人的責任變得曖昧不明。當然，他的意思不是說人可以完全掌控自己的命運，而是如果可以知道前世的事（無論今昔，都有人相信可以辦到這件事），就可以了解自己目前面臨的問題都是起因於前世的經驗，那麼未來的人生也和過去一樣，都被前世規定了，這麼一來，人就不會想靠自己的力量改變自己的人生了。

現在的年輕人即使不是心靈主義論者，心情也很容易受到算命的結果影響。聽到算命師斷定自己和中意的對象個性合不合、什麼時候會結婚，大部分的人很容易就接納了。會相信這種說法的人，可以猜想他不會想靠自己的力量與努力來改善人際關係。阿德勒對心靈主義或心電感應這些理論採取否定的態度。因為會對這些理論感興趣的人，都是亟欲想脫離自己目前的局限，想藉著與死者的連結，超越時間的限制。對這些人來說，神的存在，也不過是為了完成自己的願望、為自己效勞而已。他們認為可以把神的意志引導到自己需要的方向，這種想法和「真正的宗教性」相差甚遠（《性格的心理學》）。

阿德勒認為宗教的問題出在失去與現實的連接點。宗教對未來抱持希望，把人原本應該在凡間尋求的目標放到另一個世界，認為人在凡間的階段所付出的努力與獲得的成長並沒有價值。

改變生活型態

以上所見的影響生活型態形成的因子都非常強大。小孩在大人面前毫無抵抗能力，因此父母對於小孩的影響極大。即使如此，小孩長大後若覺得自己的生活型態出現問題時，也不應該把責任歸咎給父母。因為這對他來說，一點好處也沒有。

在下定心決定選擇某種生活型態時，他應該已經嘗試過許多種生活型態。即使如此，他仍不知不覺中固定了自己的生活型態。一旦習慣了某種生活型態，要再改變並不容易，即使他覺得這個生活型態很不方便、很不自由，可以的話最好換一個。但是他用目前的生活型態可以想像接下來會發生什麼事，若換成另一個，他就無法想像下一刻可能發生的變化。

就像之前提過的，與別人擦身而過時認為對方撇開目光是在閃避自己的人，或許是討厭自己，恨自己為什麼老是有這種想法。但事實上是，只要他認為對方是在閃避自己，他就不必與那個人繼續發展關係。其實他內心的某個部分，反而希望這件事情發生。假如他認為對方撇開目光是因為喜歡自己的話，他就必須要考慮「接下來」的事。這個接下來的現實屬於未知，會發生什麼事他無法預料。如果接受這個現實，他就必須跳進新的人際關係之中。因此，接受這樣的現實需要勇氣。

再怎麼不方便、不自由的生活型態也都是自己選擇的。比起無法預測接下來會發生的事，他寧願接受不方便，這是他在心中早已下定決心的事情。也就是對他來說，不改變長久以來早就熟悉習慣的生活型態，確實有一定程度的好處。

他們平時只要遇到問題，總是一次又一次地下定決心，絕不改變習慣、熟悉的生活型態。換句話說，他只要放棄這樣的決心，就有可能改變生活型態。雖然改變是有可能的，但因為他們運用原本的生活型態不曾導致活不下去，所以大多數的情況，他們都無法改變自己的生活型態。

即使如此，生活型態還是可以改變

尋求心理諮商的人有時會被問到這個問題：你喜歡自己嗎？人會透過自己的生活型態去看這個世界，並且去感受、思考和活著，但幾乎沒有人會說喜歡這個決定生活型態的自己。相較於其他的工具，比如說電腦，要是不喜歡現在的，只要換一台新的、性能更強大的電腦就好，但「自己」可不是說換就能換的。

巴黎塞納河左岸的艾菲爾鐵塔於一八八九年萬國博覽會的時候落成。兩年前，當它正在打地基的時候，許多藝術家和作家都發文抗議這項建設，認為它是用醜陋的鋼架胡亂拼湊組成，會褻瀆巴黎的美感。設計師同時也是鐵塔命名由來的居斯塔夫·艾菲爾則預言：「我認為，人們最終會發現它擁有特殊的美感。」

曾發文抗議的作家之一的莫泊桑，很喜歡去艾菲爾鐵塔二樓的餐廳吃飯。他朋友知道這件事情後責怪他。莫泊桑答道：

「因為這是在巴黎吃飯時，唯一可以不用看見艾菲爾鐵塔的地方。」

這段知名的逸事剛好可以用來說明關於生活型態的三件事。第一，如同身在艾菲爾鐵塔中可以俯瞰巴黎街景但卻看不見艾菲爾鐵塔一樣，我們不了解自己的生活型態長什麼樣子。

第二，很多人雖然嘴上說討厭，但最後仍接受自己目前的生活型態。

第三，艾菲爾鐵塔在抗議文中被稱為「沒有意義、怪物般的鐵塔」，時至今日，大概很少人不承認它具有「特殊的美感」。把生活型態比喻做艾菲爾鐵塔的話，生活型態也可能從原本的怪物逐漸變成一座美麗的塔。用阿德勒的話來說，大概就是改變艾菲爾鐵塔「被賦予的意義」吧。

把新的生活型態比喻為艾菲爾鐵塔的話，最終它看起來就不會是醜陋的鋼架，只是改變的過程勢必會遭遇到很大的抵抗。若繼續用鐵塔比喻改變生活型態這件事，改建鐵塔的原因不一定是因為它變得很破舊，而是為了把它變得更舒適。但改變成新的東西，不管是重新建設，或是重新整修，進行的時候或多或少都會遇到抵抗。

想要改變生活型態，光有決心還不夠，必須還要知道應該改善哪個部分。但追根究柢，我們連自己的生活型態長什麼樣子都不知道，所以第一步還是要有意識地去挖掘自己過去在無意識中學會的生活型態面貌為何。除此之外，還要知道有哪些和過去不同的生活型態可選擇。

超越相對主義

前面我不斷提到，舊有的生活型態可以改變。所謂的改變，應該是指變得「更好」的意思。而所謂的「好」，並不是道德上的意義。如同前面提到的蘇格拉底的悖論「沒有人有意為惡」一樣，所謂的善就是指對自己有好處，相反地所謂的惡就是對自己沒好處。改變生活型態的時候，就表示這件事對自己是善，否則就不會想改變。不想改變目前的生活型態的人，就表示他判斷不改變對自己是善。但假設這個人下定決定要重新選擇一個新的生活型態時，就表示他這次應該會選出一個「真正」好的生活型態吧。

前面我們提到生活型態的定義為：自己對自己和這個世界所賦予的意義。但難道無論賦予任何意義都等同於真理嗎？接下來我想討論這個問題。和蘇格拉底同一時代的普羅泰格拉認為：「人是萬物的尺度。」例如，一道料理好不好吃（甜、辣、濃、淡等）可以由自己判斷，但某種食物對身體有益或是有害則不是由自己的喜好決定。

柏拉圖說：

「關於正確和美感，許多人會選擇別人認為是正確或美的事物，即使實際上並非如此。總之，他們會去做別人認為是對的事情，擁有別人認為好的東西。但若提到善，沒有人會認為我只要擁有別人認為是善的事物就好，實際上它得要對自己而言是善的事物才行。在這種情況下，別人認為是善的事物，對自己一點價值也沒有。」（柏拉圖《國家篇》）

幸福也是一樣。光是讓別人認為自己很幸福一點意義也沒有。有些人確實在汲汲營營地追求著讓別人覺得自己很幸福的事，老是在意別人的想法，用柏拉圖的話來說就是：太在意「別人認為好」（評價）的事物。這樣的人，幸福離他很遙遠。就算別人認為你有多麼的幸福，若本人、也就是自己實際上並不感覺幸福，那就一點意義也沒有。幸福是什麼？這個問題和問某種食物是否對身體有益一樣，不是我們恣意地賦予它不同意義就能改變它對身體產生的結果。

那麼，阿德勒對於這種無法取決於每個人想法的事物，也會認為它們的善惡有絕對的基準嗎？阿德勒說過：「就連我們的科學也沒有獲得絕對的真理，而是根據 Common

Sense（共通感覺）來發展。」（《阿德勒心理學講義》）這裡所說的Common Sense是對比於個人理智（個人邏輯）。人只能活在自己賦予意義的世界中沒錯，但假如被賦予的意義中個人性的比例太重，和他人共生就會產生困難。

阿德勒又說：「我們沒有一個人可以獲得絕對性真理的『知識』。」（同前書）「絕對性真理不為任何人『所有』。」（《自卑與超越》）但是，雖然沒有人可以擁有絕對性真理，並不代表這樣的真理不存在。

阿德勒認為，賦予意義的時候，不能完全偏重於個人性，而是要賦予具有Common（共通、普遍），對自己、對社會以及一般大眾都能接受而且有用的意義，這才是最重要的。但另一方面，承認普遍的道理也會產生問題。

後面我們在探討理想這個主題時，會重新把這個問題再提出來討論，在這個世界，我們不可能承認絕對的真理。離開這個狀況，就沒有絕對的善。比如說，「借東西一定要歸還」不一定適用於所有情況。假使你跟某個人借刀子，結果對方忽然發瘋抓狂，很明顯這時候把刀子還給他並不是明智的舉動。

此時，承認不合常理的絕對性真理反而是危險的行為。某件事是善是惡，我們只能依照個別狀況一一檢驗。阿德勒對於既成的價值沒有批評，也沒有肯定。即使是大多數人都承認的價值也一樣。文化是自明性的集大成。阿德勒對於文化的自明性，依然保持一貫的批判性的立場。

前面提到，阿德勒認為賦予意義時，應該要賦予具有普遍性，而且對自己、對社會、對一般大眾都能接受而且有用的意義。雖然說他很重視 Common Sense，但這個 Common Sense 指的不一定是常理而已，甚至和常理大相逕庭的看法也有可能。比如說，就常理而言，對於不上學的小孩，無論如何都要幫助他回到學校上課，但依照個別狀況和小孩的狀態不同，這個方法並非絕對正確。

提示一個選擇的方向

即使如此，阿德勒仍提示一個選擇的方向，供我們在選擇生活型態時參考。

在第二章，我們以行為和感情為例介紹了目的論。讓我們再回顧一下：人會為了某種目的，對於自己經驗的事情賦予某種意義。沒有自信的人，即使看到喜歡的人就在眼前，也會因為害怕和對方繼續發展關係，把對方撇開眼神的動作解讀為閃避自己。再來，他會從自己的諸多經驗當中找出「符合目的」的經驗，對眼前狀況賦予符合目的的意義。當他想要離開某個人，他就會從自己與那個人的互動經驗當中，找出那個人令人生厭的地方。

被詢問早期回憶的人，在從無數個記憶中選出特定的記憶時，這個選擇絕非毫無原則，他一定會選擇符合目前生活型態的回憶。更進一步地說，他的生活型態，也是為了某個目的被選擇出來。以我們前面提到的心理創傷為例，人在遭遇重大災害時，內心遭受的衝擊非常巨大，但若他不願走出傷痛經驗，也是因為他這麼做符合某種目的。

前面我們也引用過，阿德勒曾說：

「意義並不是由狀況決定。我們應該透過賦予狀況意義來決定自己。」（《自卑與超越》）

這裡所說的狀況，以第一章的例子來說，就像是擁有器官缺陷的人的成長經過。一個人即使身體無法自由活動，這件事也無法決定他現在的狀態。

又或者父母寵小孩，這個小孩長大未必會變成被寵壞的小孩。以亞里斯多德的話來說，寵小孩的父母相當於前面舉的雕刻家例子，屬於動力因。若沒有寵小孩的父母，就不存在被寵壞的小孩。但是，即使在寵小孩的父母底下長大，只要這個小孩不把這件事看作是善，就可以拒絕被寵愛。假如這個小孩判斷受寵愛這件事對自己有好處（善），那麼他就會選擇成為在父母的寵愛之下長大的小孩。

若認為生活型態不是自己決定的，很容易把責任轉嫁到他人身上，或歸咎於狀況使然。但阿德勒十分強調一切取決於自己的重要性。因為他希望釐清責任所在。由於某種外在因素而決定了自己現在的狀態這種想法，是阿德勒極力排斥的想法。

基於上述原因，阿德勒強調，在討論某個生活型態的內容之前，一定要知道這是自己選擇的。即使是生活型態的內容也是一樣。一些容易被誤認為不是自己選擇，而是受到外在諸多要素或過去的經驗被迫決定的生活型態，也是阿德勒所排斥的。

面對人生的課題

另外，阿德勒還排斥一種生活型態，那就是前面不斷提到的：逃避人際關係的生活型態。例如，遇到重大災害的人心理會承受很大的打擊，但假使他一點從傷痛的經驗中走出來的意願也沒有，表示他背後一定存在著某種目的，簡單地說就是為了逃避人際關係。

從生活型態來看，會認為這個世界很危險，把別人都看做是敵人的人，他們內心深處就是希望透過這種對自己與這個世界的看法，逃避與他人往來。前面說過，有些人不是因為別人有短處或缺點，所以討厭對方，而是為了討厭對方，所以找出那個人的短處或缺點。討厭對方之後，他就可以不必和對方往來。

與此相反，有另一群人則是對自己抱持否定的看法，對自己賦予負面意義。很多來做心理諮商的人說他很討厭自己的時候，並不是因為他有某些短處或缺點所以討厭自己，而是他希望藉這些短處、缺點作為理由，避免和他人往來。不害怕和他人往來的人都很有自信，所以很容易找出自己的長處。

因此，阿德勒排斥這種以逃避人際關係為目的，去對世界或他人賦予意義，阿德勒也不認同以此為目的的行為。

第四章

共同體感覺——超越對自己的執著

人無法獨自活下去

前面我們不斷地提到人際關係這個主題。因為人無法避免與他人產生關係，而且人原本的生存樣貌就不可能與他人脫離關係。

心理諮商的主題也幾乎都圍繞在人際關係上。阿德勒說：「人的煩惱，全都來自於人際關係的煩惱。」（《阿德勒心理學講義》）「終極而言，我們人生中的所有問題，除了人際關係之外，沒有別的。」（《自卑與超越》）人並不是獨自活著，而是在其他人之間活著。一個人沒辦法成為「人類」。「個人必須在社會性的脈絡下才能成為個人」（《阿德勒心理學講義》）。

還有一個原因是：人無法獨自活下去。這個意思不是說人很脆弱，而是說人在本質上必須以他人的存在為前提與他人共同生存，人才能成為「人類」。人無法在一個人的狀態下成為人類。人原本就是社會性的存在，最好還是要和他人共生共存，沒有任何一個人可以離開社會或共同體存活。

假設人是獨自活著，不管他做什麼都沒有人會阻止，因此一個人活著的世界可以說沒有善惡可言。此外，語言的出現也是以他人的存在為前提，只有一個人活著的話，就不需要語言。邏輯也是，只有一個人就不需要邏輯（《孩子的教育》）。我們和別人往來時，不能說只有自己聽得懂的語言，要語言、邏輯、共通感覺（Common Sense）都能與他人共通的狀態下才能交流。自我中心的人沒有共通感覺，只有自己通用的個人理智（《追求生存的意義》）。沒有共通感覺，溝通就無法成立。「私人的意義事實上一點意義也沒有。真正的意義只發生在溝通中。」（《自卑與超越》）

問題在於，我們無法離開他人活下去，但他人同時也會阻止我們前進。但我們又無法選擇忽視他人。事實上，人的言行不可能在沒有他人存在，在真空的狀態下進行，一定要有人扮演「對方」這個角色，人的言行的目的就是誘使對方做出某種回答。例如生氣，一個人沒辦法生氣。人會說出一些故意讓對方生氣的話，目的就是為了誘使對方做出回應。除此之外，一般被認為是心理出現病狀的精神官能症也是一樣，阿德勒認為必須要有一個接受反應的「對方」存在，精神官能症的症狀才可能發生。

我比較有興趣的是，他人既然會阻礙我們前進，使得人的煩惱幾乎都是圍繞在人際關係上面打轉，但阿德勒卻把他人當作是「同伴」，不看做「敵人」。這裡說的同伴的原文是 Mitmenschen，阿德勒心理學的核心概念共同體感覺（Gemeinschaftsgefühl）的同義詞 Mitmenschlichkeit 就是根據這個字創造出來的。意思是，「同伴」（Solidarität）應該是「人」（Mensch）與「人」（Mensch）互相「結合」（mit）。這個字的反義詞為 Gegenmenschlichkeit，意思是，人與人互相「對立」（gegen）。

看待他人的態度，將會深深影響我們的人際關係。大部分的人不會把別人看作是自己的同伴。這件事從人與人說話時，眼睛有沒有與對方四目相接就知道。阿德勒說，不敢直視大人的臉的小孩，表示他心裡對那個大人存在著不信任感（《孩子的教育》）。目光閃躲這件事，即使只有一瞬間也算，表示這個人不想和對方締結關係。

呼喚小孩時，小孩會靠過來多近，也可以看出小孩對他人的想法。大多數的小孩，會在某個距離停下腳步，然後探索眼前的狀況，再決定要更靠近些或遠離些。

如同我們前面提到，一開始人會先決定把他人看作是同伴或是敵人，把他人看作是敵人的人，想要迴避人生的課題。因為這樣他們就不用積極地與被看作是敵人的人來往。

對阿德勒來說，心理學是「心的態度」（Bottome, *Alfred Adler*）。如果心理學只是單純的理論，那麼無論站哪一種立場應該都沒關係，但把人看作是同伴或敵人關乎我們的生活方式，到底要把他人看作同伴或敵人，我們必須表態。這不是他人存不存在的問題，而是我們怎麼看待他人，是屬於價值觀的問題。

阿德勒最初提倡共同體感覺時，曾遭人批評這種根據價值觀做的思考並不科學。

共同體感覺

阿德勒提出共同體感覺這個理論的背景，是基於他的戰爭體驗。

一九一四年第一次世界大戰爆發，當時四十四歲的阿德勒沒有被徵召去當兵，但他以軍醫的身分參戰，隸屬於陸軍醫院的神經精神科。阿德勒必須判斷住院的傷患在出院後是否還能繼續服兵役。這個工作帶給阿德勒精神上相當大的痛苦，每天晚上都睡不好。

阿德勒的朋友、同時也是小說家的費利斯・波特姆在初次和阿德勒見面之前，曾期待阿德勒是個「蘇格拉底般的天才」，沒想到見面後發現他沒說出什麼特別的話，只是一個普通人，而對阿德勒非常失望。我在想，波特姆把蘇格拉底的形象與阿德勒重疊時，是不是搞錯蘇格拉底的形象了。阿德勒和學者形象的佛洛伊德不同，不是為了研究才選擇醫學，而是為了治療病患。相對於佛洛伊德不喜歡與人交際、專心寫書的形象，阿德勒則是喜歡在咖啡館與人高談闊論，對於寫書不太熱中。這樣的阿德勒形象，確實可以與一本著作也沒留下、時常在雅典街頭與青年對話的蘇格拉底聯想在一起。

無論如何，波特姆因為阿德勒的形象不像蘇格拉底而感到失望。但這個最初的印象後來發生決定性的變化。當阿德勒被問到作為醫師參與戰爭，對戰爭的印象如何時，沒想到阿德勒開始強烈批判發動戰爭的祖國：

「我們都是同伴（Mitmenschen）。任何一個國家的人，假如都是有共通感覺的人，大家的感受是一樣的。這場戰爭等同是對我們自己的同胞進行組織性的屠殺與拷問，為什麼我們不能避免戰爭發生？」（霍夫曼《阿德勒的生涯》）

緊接著，阿德勒繼續說自己作為醫師在現場目擊到的恐怖與痛苦，以及提到奧地利政府為了爭取市民對戰爭的支持不斷的說謊。

波特姆看到阿德勒描述這些事情的樣子，不再覺得阿德勒是普通人。

「我看著、聽著他說話的樣子，終於了解他是一個偉大的人。」（同前書）

阿德勒以軍醫的身分參加第一次世界大戰，在兵役的休假期間他很常去中央咖啡館，就在這個時期，他在友人面前第一次發表了「共同體感覺」這個想法。

這個名詞阿德勒在維也納精神分析學會時已經使用過，但這個原本只在他內心逐漸萌芽的「共同體感覺」想法，因為戰爭時的體驗，一口氣躍升成個體心理學的核心概念。

用阿德勒的想法來看，把戰爭體驗視為造就他思想形成的原因，屬於原因論的解釋。

為什麼不能避免這場組織性的殺人與拷問的戰爭發生？自從有了這個想法之後，阿德勒突然（他的朋友這麼覺得）開始使用「共同體感覺」（Gemeinschaftsgefühl）這個字。

一位與阿德勒意見相左的同伴，對於當時阿德勒的印象如下：

「這個突然出現、宛如傳教士所提倡的共同體感覺，我們要怎麼面對這樣的想法。作為醫師，最重要的就是以科學為優先，身為科學家的阿德勒應該很清楚才對。他應該知道，他若主張這種帶有宗教性意味的科學，萬一這樣的觀念在非專家之間傳播開來，他就無法獲得身為專家的我們的支持。」（霍夫曼《阿德勒的生涯》）

因此，阿德勒提倡了共同體感覺這個概念之後，失去了許多好朋友。因為他們認為基於價值觀所建立的思想並不是科學。但是阿德勒明白指出，個體心理學是價值的心理學，是價值的科學（《追求生存的意義》）。不只是共同體感覺，前面提到，個體心理學是以目的論為基礎，而它的目的正是善，正是價值。阿德勒使用德文，德文中的自卑感為 Minderwertigkeitsgefühl，這個意思是「價值」（Wert），「比較少」（minder）的感覺（Gefühl）。所謂的自卑感指的就是對於自己所做的價值判斷。

在第三章中我們提到，生活型態就是我們對於自己和這個世界的看法。我們能不能喜歡自己或接受自己，都是個問題。這件事不容易做到，即使我們喜歡自己，但有辦法把周遭的人當作是同伴嗎？自卑的人通常會把他人看作是敵人，而不是同伴。要把別人看做是同伴或敵人，就是我們對於這個世界的看法。

只要把他人當作是同伴，不管你在共同體中是否有自己的容身之處，你的人生就會發生改變。阿德勒很常使用「全體中的一部分」這種說法（例如在《孩子的教育》中）。

指的是自己歸屬於某個地方的感覺，或是希望繼續待在某個地方的感覺。怎麼做才能獲得這種感覺，後面會看到。不過它所表達的意義，我們可以從 Gemeinschaftsgefühl 的翻譯「共同體感覺」中窺知一二。

問題是在「共同體」的意義。它是「無法達到的理想」，絕對不是指既存的社會。這裡所說的「共同體」，是指目前自己所屬的家族、學校、職場、社會、國家、人類，以及包含過去、現在、未來所有的人類，更進一步地說，是包含有生命與無生命的宇宙全體（《心智的心理學》）。因此，阿德勒所說的共同體感覺並不是從這個字面上聯想的，對這個既存社會的歸屬感的想像，或者要大家去適應這種狹隘的共同體。

不僅如此，它有時還得斷然拒絕既存社會的共同認知或常理。所有人面對納粹的價值都被迫表態，而那些回答了拒絕的人，大多數都在集中營中被殺掉了。我們在後面會看到，阿德勒看到納粹的抬頭之後，感覺自己身處危險之中，於是把活動的據點轉移到美國，但那些接受阿德勒的教導，和他一起活動的人，最後都被送去集中營並且喪命。這意味著阿德勒學派，曾經在奧斯威辛一度遭到消滅。

戰爭精神官能症

阿德勒以軍醫的身分參戰時，曾接到一名患者的申請，希望可以免除他的兵役，但他判斷那名健壯的患者，應該還可以執行步哨的任務。

「我為了不把某個人送去危險的前線做了很多努力。在夢中，我覺得自己殺死了一個人。但是，我到底殺了誰，我不知道。我不斷因為『我應該殺死誰了吧』這個想法而感到苦惱，使得我的精神狀態逐漸惡化。其實這只是我自己沉醉在我盡力為那名士兵做最好的安排，使他不必死於戰場上的想法而已。夢中的情感，意圖促使這樣的想法產生，但當我理解夢只是藉口後，我就不再做夢了。為什麼，因為我沒有必要再欺騙自己根據夢的邏輯去判斷一件事情該做或不該做。」（《阿德勒心理學講義》）

阿德勒談論戰爭精神官能症時，把它當作是精神官能症的類型之一。阿德勒認為戰爭精神官能症只會發生在原本就有精神問題的人身上。後來他開始譴責那些發動戰爭的奧地利政治家，認為這場戰爭毫無意義，沒有建樹。面對社會性義務感到膽小怯懦的人，容易罹患精神官能症，戰爭精神官能症也不例外。阿德勒認為，「所有的」精神官能症都看得到弱者的身影。弱者指的是無法讓自己適應「大多數人的想法」，最後採取精神官能症這種攻擊性的態度。這樣的轉變過程，在所有的精神官能症，包括戰爭精神官能症中都可以看得見。

如同我們後面會談到的，精神官能症患者在面對課題時，會試圖選擇逃避，但戰爭精神官能症的狀況不同，他面臨的課題是戰爭，這裡面理所當然的包含了可以逃避的課題和不允許逃避的課題。

阿德勒第一次談到共同體感覺時，是在戰爭時期。戰爭結束後，阿德勒曾在《另一個面向》（一九一九）這份把戰爭視為集體罪過的報刊中，譴責共同體感覺的概念遭到誤用（*The Individual Psychology of Alfred Adler*）一事（霍夫曼《阿德勒的生涯》）。阿德勒明白指出把戰爭的罪過冠在戰鬥員或志願入伍的人身上是錯的。

阿德勒即使沒有把罪過冠在他們身上，但在戰爭的框架下，他仍不得不把精神官能症病患再度送上戰場。但是，共同體感覺所說的共同體，或是前面提到的全體中的一部分中的「全體」，只要不與現實中的共同體混為一談，共同體感覺就不會遭到誤用。

通常，人是隸屬於複數的共同體。假設目前最直接隸屬的共同體的利害關係，與更大的共同體的利害關係不相容的話，我們應該要以更大的共同體的利害關係為優先。當我們必須決定罹患戰爭精神官能症的士兵的待遇時，若以超越國家層級的共同體去思考，就不能因為這個人的病痊癒了，就再度把他送回戰場上。

因此，有些共同體的要求，以這個案例的為了國家而戰這個要求，有時候我們也必須選擇拒絕。脫離現狀無法決定善惡，這個例子也是一樣。我們無法決定某件事一定是善，某件事一定是惡。共同體感覺所說的共同體並不是現實世界的某個共同體。無條件認為服從國家命令就是善的想法，這與阿德勒所說的共同體感覺一點關係也沒有。

對他人的關心

共同體感覺的原文被翻成英文時，據說阿德勒最喜歡 social interest（社會情懷或社會意識）這個譯文。social interest。這個譯文和德文的原文意思不同，比較不強調與共同體的關聯性。對 social 也就是人與人之間的人際關係感興趣（interest），著重在對他人關心的部分。除此之外，共同體感覺還被譯作 communal sense, social sense 等。有人認為 social interest 的優點在於，「『關心』（interest）比『感情』（feeling）或『感覺』（sense）更接近行為」（Ansbacher, introduction. in Adler. *The Science of Living*）。也就是說，比起作為被動者（reactor）的個人，更強調作為行為者（actor）的個人。

「關心」的英文 interest 可拆解成拉丁文 inter est（est 是 esse 的第三人稱單數），意思是「在其中」或「在之間」的意思。「關心」的意思，是對象與自己「之間」（inter），有關聯性（est）。他人或者是他人所做的事並非和自己無關，把它們看作與自己有關係、有關聯，就表示對別人關心。

但是問題在於，有些人認為他人與自己沒有關係、關聯，因此對他人漠不關心，只關心自己。阿德勒的主張很簡單，他一而再再而三地強調，我們要幫助那些只關心自己的人去關心其他的人。透過共同體感覺的英譯說明，就是：「對他人的關心」就是「共同體感覺」。阿德勒說，教育可以培養共同體感覺，意思就是要引導那些只關心自己的孩子去關心別人。

對小孩來說，母親是他在這個世界上最初遇到的人。母親是什麼樣的人，對小孩來說是很重要的問題。直截了當地說，就是他是把母親當作同伴或敵人。若小孩是在被忽視、或被怨恨的環境下長大，他就會把母親當作敵人。若是在受溺愛的環境下長大，他有可能會把母親當作同伴。但溺愛孩子的母親，或許不會教導小孩這個世界除了自己以外還有別的同伴。

對自己的執著

阿德勒認為「對自己的執著」，是個體心理學主要的攻擊目標。很多人不承認他人的存在，對他人漠不關心，只關心自己。阿德勒認為在共同體中找到自己的歸屬感很重要，但這個觀念並不是要大家把自己當作是世界的中心。把自己當作是世界中心的人，會認為他人都是為自己而活。只要他人不能滿足自己的期待，他就會感到憤慨。這就是阿德勒說的「對自己的執著」。

共同體感覺就是用來衡量自己是否承認他人的存在，以及關心他人的程度的標準。因此，阿德勒很重視「共鳴」（《阿德勒心理學講義》）。獲得共鳴的前提是，一定要把對方與自己同等看待，時常去思考這個人在這個狀況下會怎麼做，也就是關心他人關心的事物。這種意義下的共鳴並不容易做到，但它是建立共同體感覺的基礎。阿德勒認為「用他人的眼睛看，用他人的耳朵聽，用他人的心感受」，應該算是共同體感覺可允許範圍內的定義。（同前書）

為什麼關心他人很重要，因為只要我們不能跳脫「如果是我的話」（怎麼看、怎麼做）這樣的想法，我們就只能透過自己的生活型態去觀看他人。就算真的只能透過自己的生活型態觀看他人，也要了解自己的看法、感受方式與思考方式，不是唯一、絕對的，否則就無法理解他人。唯有那些知道以自己不了解他人作為前提，努力地想去理解他人的人，才能夠真正地朝理解他人的目標邁進。要是一開始就覺得自己能夠了解他人，絲毫都沒想過自己的理解可能是錯誤的，這樣的人就不可能正確地理解他人。

總是以「我」為視角做思考的人，不僅無法理解他人，看待世界的角度也會變得自我中心。他們無法理解和自己想法不同的人，從來不在乎自己無法理解的人與現象，而是把他們從自己的世界中排除。

不僅是認識層面，精神健康的人不會認為他人應該要為自己做什麼，而是關心自己能為他人做什麼。

我對共同體感覺的解釋是這樣的，不僅在乎自己，也在乎他人。別人會幫助我，我也感覺到自己在與他人的往來中對他人做出貢獻，我和他人處於一種互助合作的關係。

人無法脫離這個與他人共生的世界獨自生存。我會受到他人影響，同時我也可以影響他人。在這個意義下，人屬於「全體中的一部分」，只顧慮到自己的人，無法獲得幸福。

超越現實的理想主義

對於主張共同體感覺的阿德勒來說，戰爭使人與人互相對立（gegen），剛好是共同體感覺的另一個極端。

我在調查阿德勒的生涯時，覺得有一件事情十分不可思議。阿德勒在戰場上親眼目睹戰爭的悲慘現實，即使如此他仍對人類表達樂觀的看法。即使他在戰場上看見無數人類的愚行，仍沒有對自己的主張產生動搖。

佛洛伊德目睹了同一場戰爭，卻是構思出死亡本能。他認為人有一種自我毀滅的衝動，這份衝動如果向外發動，就會產生攻擊性。佛洛伊德把這種攻擊性稱作是「人與生俱來攻擊他人的傾向」（Freud, *Das Unbehagen in der Kultur*）。

相對來說，即使共同體感覺目前無法被實現，我們也可以把它視為一種規範的理想，而人應該朝這樣的目標邁進。正因為阿德勒把共同體感覺看作理想，我們才能找到「為什麼阿德勒在戰爭如火如荼進行的時候，還可以構思出共同體感覺」這個問題的解答。

有人覺得當理想離現實太遙遠時，揭示理想一點意義也沒有。但是，理想原本就是會和現實不一致。比如說，當有一條法律是告訴人民不可以偷鄰居家的雞，就表示有人會去偷別人的雞，假使都沒有人偷雞，那就不需要這條法律了。正因為有人會去偷鄰居家的雞，這條法律才有它存在的意義。加藤周一在談到他念茲在茲的憲法第九條時提出了這個比喻，他認為法律和現實不一致是理所當然的，正因為不一致，用來作為處罰的法律才有它的意義存在（加藤周一《憲法第九條與日中韓》）。加藤的論點，我們可以理解。

正因為阿德勒目睹了戰場上的悲慘現實，正因為共同體感覺這個想法對現實可以產生很強的作用力，促使他為了逃避戰爭的悲慘現實，產生作為理想的共同體感覺這個思想。如同我們前面提到的，共同體感覺是一種作為規範的理想。

把理想主義稱作事前（ante rem）邏輯的話，那麼自始至終都在說明現實的邏輯、也就是現實主義，應該稱作事後（post rem）邏輯。事後邏輯不具備改變現實的力量。帶給阿德勒很大的影響的馬克思曾說過一句很有名的話：「哲學家只會對世界做出各種解釋而已。但重要的是我們要怎麼改變它。」（馬克思《關於費爾巴哈的提綱》）如馬克思所說，阿德勒不滿意僅止於對這個世界做出解釋，而是意圖為這個世界帶來變革。他提出共同體感覺這個新理想，就是為了改變這個世界。

阿德勒在替病患做治療時，關心的不是針對現狀的說明。針對現狀說明屬於事後理論，無法滿足阿德勒，因為他採用的方法不是原因論，而是目的論。採用原因論的心理諮商會追溯患者的過去尋找出問題的原因，並用來做說明。他們透過這樣的做法，幫助患者把現在面臨的問題，比方說病狀的原因，歸咎於他人或者過去，甚至是患者目前置身的狀況。這麼做雖然可以讓患者認為問題的責任不在自己而感到安心，但光是這麼做，現狀並不會有任何改變。相較之下，目的論不是把眼光放在過去，而是望向未來，擺脫停留在追認現狀的窘境。治療者會問患者，接下來你希望做什麼。因為，只有朝目標踏出第一步，才有改變的可能。

阿德勒說，個體心理學是形而上學（《追求生存的意義》）。希望把無法直接理解的事物從人生中排除出去的人，大概會對這種形而上風格的心理學有所批判吧。沒錯，「新理想」的直接經驗尚未發生，它還在遙遠的未來。但從直接經驗中，根本找不出任何新的東西。對阿德勒來說，什麼是直接經驗？從個人層級來說就是競爭、怨恨，從國家層級來說就是戰爭。阿德勒認為只把目光停留在這些事實狀況上，共同體感覺的想法就絕對無法萌芽。

共同體感覺的理想範本，無法從現實中找到。為了要關心他人，我們必須不把他人當作「敵人」，而是當作「同伴」，並認為這個世界基本上是一個安全的地方。這種意義的共同體感覺，確實無法從現實中找出它的完全形態。

但把理想當作指引我們方向的目標，就這個意義來說，它是有用的。人生本來就是不斷地朝某個目標移動，「活著就是不斷在進化」。這個目標必須引導全體人類完成「在永恆的相下」（《追求生存的意義》）。

因此，即使知道理想無法從現實中尋找，又或者如阿德勒適切地指出，我們無法擁有絕對性真理，正因如此，人更不應該向現實低頭，至少可以努力朝理想邁進，或者說，我們必須努力這麼做。這個道理套用在個人的人生也是一樣。不付出超越現實的努力的人生，除了停滯以外，什麼也沒有。

阿德勒可以對共同體感覺保持堅定如山的信念，其中一個原因就是他藉此成功地治癒了精神病患者。如前面提到的，他認為對自己的執著才是真正的問題所在，只有把對自己的關心轉變成對他人，藉此培養共同體感覺，才能成功治癒精神官能症患者。而他的實績，也使他對共同體感覺的重要性產生確信。這份確信，使得即使戰爭這個殘酷的現實擺在他眼前，也絲毫不能動搖他的信念。關於這點，我想等到後面介紹精神官能症時再加以詳述。

維也納在被德國佔領之前，是歐洲最高尚、寬容，最富含機智與國際精神的首都。我們可以推想，這間阿德勒十分喜愛的維也納咖啡館裡面所充滿的開放性與友好性，如同土壤一樣，讓阿德勒孕育出共同體感覺這個支撐阿德勒心理學理論的重要支柱。曾在戰爭中目睹殘酷現實的阿德勒，最後卻提出共同體感覺這樣的主張，關於這個背景，除了我們前面一直討論理想與現實之間的關係，若把戰爭前的維也納的精神風土也列入考量，我們不難相信，阿德勒的想法絕對不是憑空迸發出來。

但是，阿德勒提出共同體感覺之後，為什麼那麼多人從他身邊離去？這背後的意義值得我們深究。

鄰人之愛與共同體感覺

一般來說，在戰爭時期，我方應該會產生強烈的同伴意識，也就是所謂的愛國心才對。為了守護自己所愛的人、避免家人遭受敵人攻擊，守護國家是理所當然的事，愛國意識也難免會高漲起來。但是，阿德勒所說的共同體感覺並不是這個，比較像是聖經中耶穌說的鄰人之愛、要愛你的敵人這樣的想法。佛洛伊德認為這個命令是「對於人類的攻擊性最強而有力的拒絕」（Freud, *Das Unbehagen in der Kultur*）。

這個堪稱阿德勒版鄰人之愛的共同體感覺，並非只是當作口號喊喊而已。前面提到，歸屬感是人類的基本需求。每個人都希望把他人當作自己的同伴，並從共同體中找到自己的容身之處。小孩子做出許多大人眼中的問題行為，也都是出自於他感受不到歸屬感，於是透過不適切的方法，也就是給別人製造麻煩，想要藉此獲得關注，獲得歸屬於共同體的感覺。

消極的人沒辦法擁有這種感覺。他們認為若自己不存在，別人會過得更好。但這個想法是錯的。事實上，無論是肯定自己但把他人當作敵人，或是無法肯定自己但可以把別人當作同伴，都是不可能做到的事。肯定自己不是只要了解自己的長處就可以，還需要把他人當作是同伴；不是只被動地從他人獲得好處，而是如同共同體感覺被翻譯成 social interest 的想法一樣，我們必須要關心他人，並做出貢獻。

阿德勒在論及共同體感覺時，確實會使用「鄰人之愛」這個用詞。當然，個體心理學並非宗教。但阿德勒的主張，從根本上來看，就是對佛洛伊德的批判。

「細讀佛洛伊德的理論你會發現，這樣的理論和被溺愛的小孩的態度沒有兩樣。被溺愛的小孩認為我們不該否定人的各種本能，認為有他人的存在這件事是不公平的，他們總是問：『為什麼我一定要愛鄰人』、『鄰人也會同樣愛我嗎』。」（《自卑與超越》）

對佛洛伊德來說，鄰人之愛是理想命令（Idealgebot），違反人的本性。鄰人之愛是文化對人的攻擊衝動發出的制止命令。倫理的目標就是除去文化最大的障礙物，即人與生俱來會攻擊他人的傾向。

佛洛伊德說，當他第一次聽到鄰人之愛這種理想命令時，感到非常的驚訝和意外。

佛洛伊德對於鄰人之愛的反彈非常強烈，他認為不認識的人不僅不值得愛，甚至還會喚起我們的敵意或憎惡。佛洛伊德質問：「為什麼非這麼做不可？這麼做有什麼好處嗎？最重要的是，這項命令要如何落實？有辦法落實嗎？」

會問這種問題的人，腦中所想的不是怎麼去愛別人，而是如何被愛。相對地，擁有成熟的生活型態的阿德勒則說，即使沒有人愛我，我也要愛我的鄰人，藉此輕鬆回擊佛洛伊德的質問。

關於鄰人之愛，阿德勒是這麼說的：

「宗教予人最重要的義務經常是『要愛你的鄰人』。為了增進對同伴的關心，我們看到很多人選擇透過不同的方式，付出同樣的努力。有趣的是，這種努力所展現的價值，現今已經可以透過科學的觀點獲得確認。被溺愛的孩子會問我們：『為什麼我必須愛我的鄰人。我的鄰人會愛我嗎。』他們會問這些問題，很明顯是因為他們缺乏合作的訓練，只關心自己的緣故。

對他人漠不關心的人，人生中會遭遇莫大的困難，並為他人帶來莫大的傷害。人類所有的失敗都是來自這些人。許多宗教或教派都用各自獨特的方式增進共同體感覺。我個人對於任何人以合作為終極目標所付出的各種努力，表達贊同。我們不必互相鬥爭、批評、低估別人。我們每個人注定無法擁有絕對性真理，但有許多途徑可以讓我們一起

通往合作這個終極目標。」（《自卑與超越》）

阿德勒幾乎把「同伴」這個字等同於「鄰人」（nächste, Nebenmenschen）使用（"Schwer erziehbare Kinder"）。阿德勒說，會問「為什麼我要愛我的鄰人」這個問題的人，表示他們缺乏合作的訓練，只關心自己。有一次，阿德勒在談到合作以及關心他人的議題時，被問到上述的問題。對此，他的回答非常明快：

「一定要有人先起頭。即使其他的人不想合作，和你一點關係也沒有。我的建議是，不如就先從你開始吧。不要去想別人有沒有合作。」（同前書）

佛洛伊德認為如果改成如此「像你的鄰人愛你那樣，愛你的鄰人」，他就沒有意見。但這種說法每個人都會。就好像一個人對另一個人說：如果你愛我的話，我就愛你喔。但耶穌和阿德勒談的鄰人之愛，並不要求對方回報。

大概任何的理論或學問，都必須在個體的人生中出現飛躍性，否則無法往下發展下去。唯有非連續性的飛躍出現，人類的發展才得以持續。曾經跟在阿德勒身邊學習的精神醫師維克多・弗蘭克（Viktor Frankl《夜與霧》作者），使用「量子飛躍」（quantum leap）這個詞來形容阿德勒的思想（Bottome, *Alfred Adler*）。認為阿德勒的思想就像無法用古典物理學說明的量子力學一樣，突然產生很大的變化。想一想也有道理，若要使進步成為可能，與其叫年輕世代走過來，不如讓我們直接跳到他們那裡去。這樣的跳躍、飛躍是從一個立場往另一個立場前進，而不是在同一個立場不間斷地連續向上提升，是一種超越的姿態。對阿德勒來說，這種飛躍或許是透過戰爭經驗產生的。阿德勒可以從親眼目睹戰爭的殘酷現實，構想出共同體感覺，靠的就是飛躍。

關於價值

前面提到，阿德勒在提倡共同體感覺的時候，很多人認為基於價值觀的思想不是科學，所以離他而去。即使如此，阿德勒仍明確地主張個體心理學是價值的心理學，是價值的科學（《追求生存的意義》）。

個體心理學是立足於目的論的理論，目的為善，它談的確實是價值沒錯。個體心理學並不從機械性或因果性的角度解讀個體的某個動作，而是認為個體做出某種行為之前，一定會產生某種意圖，並藉此來訂立目的或目標。這個意圖或目的的樣貌並不明確，有時候是在無意識下產生，但它一定是「善」。這裡說的善，如前述，並不是道德上的意義，而是對自己來說「有好處」的意思。所以很明顯，個體心理學談的是價值沒錯。

看到這裡大家應該知道阿德勒並不贊同價值相對主義。那麼，為什麼他要提倡共同體感覺，要大家把他人看作是同伴，並對同伴做出貢獻？為什麼他要揭櫫這樣的理想呢？又，為什麼他覺得做這件事情很重要呢？接下來我想探討這些問題。

比如說，當我們看到紅花開時，就常識來看，我們會這麼想：「這朵花是紅色的。」這個句子中，主詞是花，述語是「紅色的」。「紅色的」就是花擁有的「性質」（為了方便，後面的討論是皆用F替代）。因此，擁有性質的「物」和附屬於「物」的「性質」（屬性）是被區分開來的。「物」是獨立存在的實體，性質則是附屬於實體，由於它必須依附實體才能存在，所以被稱作屬性。

比如說某樣東西的性質產生變化，性質雖然變化，但背後一定有一個持續存在的「物」（X＝各種事物、現象、人）。就像某人換了帽子，帽子的種類改變，但戴帽子的人是同一個人一樣。透過性質的變化，我們可以發現背後持續存在的「物」，而這個物就稱做「基質」（Substratum）。

因此，對應「這朵花是紅色的」這個用主語、述語構成的句子來說的話就是：實體或說是基質（這朵花）擁有屬性（紅色）。

這樣的觀點，以認識論（知覺論）來說的話，相當於知覺因果論（causal theory of perception）。承載性質的某樣東西，必須是與性質區別開來，不具備任何性質也就是純粹至極的「物」才行。這種性質的承載體也就是「物」、或說基質，它不擁有可以被知覺的顏色、聲音、味道。但這樣的「物」卻會引發（cause）知覺，或說是知覺形成的原因。但這裡無論是用「引發」也好，伴隨、對應、反映也好，都沒有清楚說明它的真意。

不擁有一切性質、純粹至極的「物」是什麼？比如說石頭，石頭是白色、冰冷、堅硬等各種知覺性性質的集合。而且，石頭本身就是一種性質，和白色、冰冷、堅硬等形容詞類型的知覺性性質，沒有任何認識論上的身分差別或資格差別。於是，我們就可以假設這個世界的基礎就是由這種沒有知覺性性質的「物」所組成。

就日常的思考或語言而言，提出這樣的看法，或是延伸到科學性的思考，大家都可以接受，沒有問題。這樣的看法雖然可以成為看待這個世界的方式之一，但若把它理解成為世界終極存在的方式，就會出現問題。假設世界終極的基礎只有「物」是真實的，那麼這樣的世界勢必是一個非常奇怪的世界。因為所有的知覺性性質都成了假的「物」，真實的世界和人認識的知覺變得毫無關聯。

即使你有真實的感覺，但從「客觀的」指標判斷，你的感覺會被認定是「假的」，或是「偽」。如果前面說的為真，那就意味著所有的知覺性性質都是假的，真實的世界和人認識的知覺毫無關聯。比如說井水一整年的溫度應該都是一樣的，但從感覺上來說，夏天比較冰涼，冬天比較溫暖，所以我們要說，我們的感覺是「假的」，只有十八度才是「真的」，是這樣嗎？

假設認同這樣的看法，那麼顏色、味道等一切的知覺性性質不僅會被排除在世界終極的基礎之外，恐怕連非「物」的生命、心、目的、價值，全都要被排除在外。這種世界觀就成了脫離價值自由的，或說是價值中立（value-neutral）的世界觀。

還有，若「物」與價值的世界產生偏離、分裂的話，如同與事實相關的「客觀性知識」與價值（善）相關的主體性智慧這兩種分法一樣，人的知識形態也會因此分道揚鑣了。如此一來，價值、道德、倫理的問題不能成為嚴密的知識，或者說我們再也無法從is（是）引導出ought（應該）的知識。

但是感覺、目的、價值這些東西，在這樣的世界觀中完全缺乏嗎？還是說，正因為這些東西都是先決條件，為了彌補缺乏，所以還要假想一個獨立於「物」的世界之外的二元論世界觀。

認為價值中立的世界觀才是「科學」的人，無法將阿德勒的思想看作是科學，因為阿德勒把共同體感覺的價值放在首位。但是，假設全面性地不把價值這個被視為虛偽的「物」列入考量的話，那麼價值中立的世界和我們認知的現實世界實在相距太遠。相反的，我們正活在這個把價值中立的世界觀當作是「假」的、而且排斥它的現實世界中。

柏拉圖的目的論

阿德勒採取的目的論，或阿德勒排斥的原因論這些概念，當然都不是在阿德勒的時代中突然迸出來的概念。這些概念早在希臘哲學時期就被討論過。只是我認為把目的論應用在臨床上，阿德勒應該是第一人。接下來，我希望試著透過柏拉圖的想法，為阿德勒的思想建構基礎。

柏拉圖消解了作為世界基礎的「物」的實體。他否定了「物」的實體觀念，也否定了做為世界樣貌的終極基礎「物」在形上學的資格與身分。

就常理來說，知覺的「對象」（X）應該是永恆不變的實體，而且先於知覺存在，或者說即使離開知覺的現場，它們仍存在、存續在知識的世界中，它們會被當作是引發知覺的原因，或是知識的根據（這就是「知覺因果論」）。但是柏拉圖徹底分析感覺性知覺，闡明知覺的世界若沒有理型（Ø）無法自立，會徹底地還原成動態與變化。

阿德勒很喜歡下面這則寓言。兒女們圍繞在臨終前的父親床邊。兒子走上前，希望父親說出他所知道的未來為何。

「只有一件事情是確定的。那就是沒有一件事是確定的，所有的事物都在變化。」

（Hooper et al., *Adler for Beginers*）

以前面舉的石頭為例，根本就不存在承載白色、冰冷、堅硬，甚至是石頭本身這知覺性性質的實體或基質，有的只是偶爾會出現的知覺性性質。

我們看花時，一般不會說「這朵花好漂亮」，只會說「好漂亮」。對於這樣的直接性的述語表達，經過反省後我們知道這句話的意思應該是「這朵花好漂亮」，但在知覺的現場，出現的不過是知覺像（recept）或說是知覺性狀而已。

肚子痛的意思是痛這個知覺出現在肚子這個地方，並不是肚子這個實體擁有痛這樣的知覺性狀。

但是，柏拉圖不採取上述的知覺一元論、現象主義的立場，因為在感覺界之中，無法找到可作為真正知識根據的恆久不變事物。

以阿德勒的理論來說，即使大家都體驗了某個事件，但這個事件對每個人造成的影響都不一樣。人會透過各種方式對某個事件或自己置身的狀況賦予不同的意義。因此，即使某人經歷了多麼悲慘的體驗，這個體驗不一定會直接對當事人造成影響或心理創傷。假如他判斷這件事有可能會造成心理創傷，並賦予這樣的意義，他就會受到心理創傷。

用前面的說法就是，被認為會造成心理創傷的事件，比如說自然災害，或被捲入某個事件，假設這些經驗為 x，那麼說 x 就是引發（cause）心理創傷的原因，這樣的說明無法解釋其他同樣經歷x卻沒引發心理創傷的案例。同樣的身體狀態（x）卻不一定會引發同樣的症狀。有時候，x沒被確認，但當事人的身體仍產生症狀。這個時候即使對患者說，就數據來看你的身體應該沒有產生症狀，但這樣的說法對患者來說沒有意義，因為現實狀況是，他的身體產生症狀了。

小孩的問題（或說被認為有問題）行為不應該被當作x，重要的是如何解釋以及賦予它意義。這就是F。隨著看待問題的方式不同，問題行為本身就會變得不同。就像對過去的經驗賦予不同的意義，改變的不只是意義，而是連過去的經驗都會跟著改變。生活型態就是我們對現在這個世界或自己賦予意義的方式，如前述，當我們被問到早期回憶，只能回想起與目前生活型態相符合的回憶。假如當前的生活型態改變了，被回想起的回憶也會跟著改變，即使是同一個事件，當不同的故事被回想起來時，我們可以說他的過去也跟著被改變了。

要怎麼對這些事情賦予意義（F）因人而異。但是，所有被賦予的意義（F）都是同等正確的嗎？答案是否。某種食物好不好吃，答案因人而異，反正都不會產生致命的結果。但假如問題是這個食物對身體有沒有害，那就不能恣意做決定了。人生是否能活得幸福也是一樣，不可以恣意做決定，重點不在於別人認為你幸不幸福，就算別人認為你很幸福，實際上你卻不幸福，那就一點意義也沒有。

因此阿德勒雖然認為人會用各種特有的方式賦予這個世界意義，但不是確認完事實就結束了。人既然活在這個世界上，就必須去思考怎麼面對這個世界、他人以及自己賦予什麼樣的意義才能活得幸福。

為什麼理型（Ø）是必要的，這是個大問題。因為作為客觀對象的物理性事物必須獨立存在於知覺之外，基於這個原因，若排斥「產生知覺像」這樣的看法，又不堅持現象一元主義的話，那麼就必須回答下面這個問題：要到哪裡去尋求產生知覺像的原因。

簡單來說，當我們看到某個很美的東西，會說出「好漂亮」、「好美」，這個根據的終極來源就是理型（Ø）。有這個理型才能支撐發語詞「好美」背後真正的意思，使這句話的意思成立。

一般來說，所謂了解F的意思是指，當某件事物出現時，我們可以辨別它是F（或不是F）。但這樣的辨別為什麼不是放諸四海皆準？也就是說，我辨別是美的知覺像，別人不一定這麼認為，又我過去曾辨別為不美的物，現在又辨別為美。第二個問題是，為什麼同一個人也好，不同人也好，都會因為經驗程度的不同，使辨別內容產生差異。當我們看見某樣東西覺得美的時候，絕對不是和過去看過的許多美的事物做比較之後，才認為眼前的東西是美的。比如說，即使是第一次看到的美麗景色也可以讓我們心曠神怡，或是第一次看到漂亮的人就可以吸引我們的目光。

這個問題探究到最後，只有一個可能，那就是F的辨別中，有某種先驗性（先於經驗）的東西在發生作用。那就是使F成為F的理型。

「現場出現了美的知覺像」，對於這個狀態的描述進一步做思考，你會發現光是這樣的描述並無法自立，美做為美的顯現，必須在辨別為美的過程中，有一個先驗性的美的理型作為理想、規範、基準，然後發揮作用，這時候這樣的經驗狀態才得以成立。

理型並不會在這樣的經驗中透過現實的知覺像顯現它本來的樣貌，但當我在辨別現實的時候，它就會發生作用，成為辨別得以成立的原因或根據。

以上完全是從認識、知覺的面向討論Ø在F的辨別中的運作方式。同樣的看法也可以用在討論目的論與原因論的差異時產生的行為。也就是說，某人對於某件事賦予某種意義，他這麼做是有目的的。甚至，站在原因論立場的人，認為過去的事件是造成心理創傷的原因，其實他用這種方式賦予意義，背後也是有他的目的。從這層意義來看，原因論和目的論的看法並無對立，反而都被統合在目的論之中。

把某個知覺像當作F辨別，就等於這個知覺像是由F決定，看的人必須接受這樣的訊號，並對這個訊號做出反應、處理與應對。比如說看見綠燈時，我們知覺、辨別它是綠色之後，立刻認定它是「行」的訊號，並開始做出橫越馬路的行為。

任何一個知覺像都有它特有的性狀，這個性狀就是意義、或者說是價值。以行為來說的話，某位老師在上課時，視野的一隅看到一名學生不認真聽課反而在睡覺，老師把目光停留在那名學生身上，這個知覺像看在老師眼裡可能呈現「必須責備」的性狀，也可能是讓他做出「不用特別做什麼」判斷的性狀。

開車開到出神時，前面突然有行人穿越馬路，駕駛人一旦知覺到這個知覺像，會立刻做出踩煞車的行為。除了這種緊急狀況以外，我們在做出某個行為之前，都會先判斷它是否為善。比如說，我正在進行飲食限制，但眼前有一塊麵包，我看那塊麵包正顯示出「引起我食慾」的性狀，這時候我必須判斷吃下它對自己是否為「善」。我剛才用「那塊麵包顯示出引起我食慾的性狀」這樣的寫法，不用說，看那塊麵包顯示出那樣的性狀，就表示我已經賦予它意義，加入自己的判斷了。有些時候，不管肚子再怎麼餓也不可吃東西。即使如此，我最後（還是忍不住）仍吃下麵包的話，不是因為我輸給自己的食慾，而是我判斷這麼做是善的緣故。

重要的是理型和現實不可混為一談。F光靠自己無法自立，相對地Ø無法離開F存在。Ø把知覺像、現在、過去的經驗當作辨別F的根據。

這個世界的許多事物都可以認出理型的影子，某種程度可以讓我們喚起對理型的記憶。我們只能透過這樣的方式了解理型。對理型的認識越深，就越不容易與人世的事物混為一談。理型與現實的混為一談將會開啟偶像崇拜的大門。這件事對阿德勒心理學而言有什麼樣的意義？讓我們繼續考察下去。

共同體感覺的驗證

前面也說過，阿德勒主張的共同體感覺是一種理想。無論是共同體本身也好，或是共同體感覺所指涉的狀態也好，都絕對不可能在這個世界上展現出它完整的型態。因此，對思想保守的人而言，阿德勒的思想非常激進。另一方面，阿德勒在談論共同體感覺時，總是會強調對他人的貢獻（關於這一點我們尚未說明）的意義，這一點對於利己主義蔓延的今日來看，又顯得保守。

阿德勒所說的共同體是用「Gemeinschaft」這個字。通常與 Gemeinschaft 對比的詞彙是「Gesellschaft」，指的是目的導向社會、利益導向社會等人為形成的社會。滕尼斯（Tönnies 德國社會學家）認為 Gemeinschaft 才是能讓家族等團體的成員感情融洽，透過全人格的方式互相結合的社會。這是自然共生關係的基礎。

神學家八木誠一把完全照耶穌的話語去做的社會，稱作完全不求回報的「贈與型」社會（八木誠一《耶穌與現代》）。這點和 Gemeinschaft 的概念很像，但他也注意到這兩者之間有一個決定性的差異。

「仔細想想，這兩個概念的差異是決定性的。因為 Gemeinschaft 是指內部的人感情好，但對外則是顯露封閉性，要成為他們的成員是非常困難的事。此外，即使他們內部沒有鬥爭，但對外容易產生歧視性、敵對性的看法。」（八木誠一《耶穌與現代》）

非成員的人就會被貼上「外人」、「敵人」的標籤。但是，以耶穌的立場來說，如同祂在「好撒馬利亞人的比喻（Parable of the Good Samaritan）」（《路加福音》）中指示的，耶穌說的愛的對象也就是鄰人，對好撒馬利亞人來說，應該是甚至會歧視、冷淡對待自己的猶太人，也就是「外人」、「敵人」。

「在這裡，耶穌所談的人際關係和 Gemeinschaft 式的人際關係不同。換言之，對耶穌來說，溝通的對象可以無限拓展，而不像 Gemeinschaft 有限制。」（八木誠一《耶穌與現代》）

從這樣的說明來看，阿德勒所說的共同體應該不是一般大家談論的共同體，而是相當於贈與型社會。阿德勒把「敵人」當作「同伴」。當阿德勒說到「人」與「人」互相「結合」時，他指的人，是超過閉鎖性社會的範圍之外的人。就這個意義來說，阿德勒所說的共同體是嶄新的思想。

阿德勒主張的共同體感覺的「共同體」是指無法達到的理想，絕對不是指既有的社會或國家，這一點再怎麼強調也不為過。阿德勒認為的共同體是「類似人類達到圓滿目標時的永恆概念」，「絕不是從現在的共同體（Gemeinschaft）或社會（Gesellschaft），也不是從政治性或宗教性的角度討論問題。」（《追求生存的意義》）若不是用上述的方式解讀阿德勒所主張的共同體，看到阿德勒的思想中提到人是「全體中的一部分」這樣的說法時，應該很容易把它解釋成為極權主義吧。

阿德勒提倡共同體感覺，很明顯是基於某種特定的價值觀所選出的一種世界觀。阿德勒把它作為理想提倡，而這個理想在這個世界尚未被完全實現。

共同體感覺的概念遭到誤用這件事，阿德勒在自己的著作中也曾提及。比如說，他舉了一個例子，在戰爭中軍隊的最高司令官明知大勢已去，依然派數千名士兵赴死。當然，司令官會主張，他這麼做是為了國家的利益，大概同意他的人也很多，但阿德勒認為：「今天，無論任何理由，我們都很難把他看作是志同道合的同伴。」（《性格的心理學》）阿德勒把這件事作為是共同體感覺遭到誤用的例子。

他又舉了另一個例子。某位老婦人在搭乘市區電車時，腳不小心打滑跌倒摔在雪地上，但沒有人上前幫忙。終於，某個人走到老婦人身邊把她扶起來。一瞬間，有個藏身在暗處的男性跑上前來，對來幫助老婦人的男性打招呼說：「我終於等到一個好人了。我在這裡站了五分鐘，等看看到底有誰會來幫助這位婦人，你是第一個。」（同前書）

第五章

優越性的追求——「善」的實現

優越情結與自卑情結

阿德勒認為，作為全體之一的個人，會以追求優越性為目標而行動，想要脫離軟弱無力的狀態而希望變得更加優越，這是每個人都有的、顯而易見的欲望。（《阿德勒心理學講義》）

「能讓所有人產生動力的，就是對於優越性的追求。這是對我們的文化做出貢獻的泉源。人的生活全體就是沿著這條活動的粗線，由下往上、由負往正、從敗北往勝利行進。」（《自卑與超越》）

與它成對的概念就是自卑感。阿德勒認為，這兩種情結每個人都有：「追求優越性或自卑感本身都不是病，它們會為健康、正常的努力與成長帶來刺激。」（《阿德勒心理學講義》）

前面幾章，我們從器官缺陷切入，談到阿德勒對於自卑感的想法。另外，作為全體之一的個人，會把優越性當作追求的目標之一，這點我們前面也稍微提過了。但要注意的一點是，追求優越性的目的並不是為了補償自卑感。如果把補償自卑感視為追求優越性產生的原因，這樣的想法屬於原因論。所以阿德勒提倡一般性的目標追求的概念，把優越性的追求看作是根源性的追求，而自卑感只是它的副產物而已。

但是，強烈的自卑感與過度追求優越性的現象，分別會造成自卑情結與優越情結，阿德勒認為它們在某些層面對人生並沒有用處。自卑情結若再增強，就會變成精神官能症。優越情結就是過度追求優越性的狀態，我們可以說它是個人性的優越性追求或是精神官能症性的優越性追求。

因此，阿德勒並不否定優越性的追求，而是質疑人面臨難題時，透過追求個人性的優越性作為解決途徑的作法。一般人不會有優越情結，也不會有優越感。會特別強調自己很優秀，還向他人誇耀這件事的人，不但不會去質疑自己是否真的優秀，甚至實際上不優秀也要裝作很優秀的樣子。問題出在於一直要表現出比別人優秀的態度，因為這表示這個人非常在意他人的評價，喜歡回應他人的期待。為了讓自己看起來比實際上更高大，他會刻意踮起腳尖，希望能獲得更多的「成功與優越性」（《阿德勒心理學講義》）。

像這樣的人，雖然一心希望獲得他人的期待，但他所受到的矚目和期待的程度，可能不如自己心中所想。不僅如此，他還會對自己抱持過高的理想。假使現實的自己無法達到這個理想，他就會受到理想與現實的偏離所苦，用情緒性的方式責怪自己。

有優越情結的人，總是希望讓自己看起來比實際更優秀，但這樣的人不但無法克服那些唯有自己積極努力去處理才能解決的課題，還會促使他選擇逃避。當他人對他自己期待的形象，和他的現況相差太大時，他甚至會產生放棄變得優秀的念頭。或者，為了讓自己徹底放棄變得更優秀，他會訂立一個現實的自己絕對達不到的理想。無論如何，個人性的優越性會讓人覺得自己很優秀這件事很重要，但努力追求個人性的優越性，將使得「面對與解決人生課題」這件事無法被列為最優先的目標。

這些擁有異於常人的野心的孩子，時常處於困難的狀況中。關於這點，阿德勒說：「因為我們習慣用成不成功等成果判斷一個人，而不是透過那個人面對困難、超越困難的能力判斷他。不僅如此，我們的文明，不太重視根本性的教育，比較重視顯而易見的成果或成功。」（《孩子的教育》）

做出成果確實有它的必要性，但不是只要拿出成果就可以了。更不是為了拿出成果，做什麼事都無所謂。

許多人面對困境時，關心的不是自己有沒有克服的力量，而是顯而易見的成功。但是，「幾乎所有不用努力就能獲得的成功，都很容易毀滅」（同前書）。這樣的人假如沒成功，要他再回過頭來面對人生的困境，簡直難如登天。

還有一個問題是，即使成功了，這些滿腦子也只想著獲得別人認同的人，一定要獲得別人的讚賞他才會感到滿足。這樣的人似乎沒有他人的讚賞就無法活下去，而且容易受到他人的意見左右。關於一點，我們會在後面討論現今普遍的賞罰教育（責罵和誇獎）的問題時看到這個現象。先不討論成不成功，就連在日常生活中，很多人做出恰當的行為，都一定要獲得認同才會感到滿足，或者為了獲得別人的認同，才會做出恰當的行為。

這一點與前面看到的共同體感覺有什麼關聯呢？這些只考慮拿出成果，即使成功了也要獲得別人的讚賞才感到滿足的人，一點也沒有為他人著想，是為了自己著想。

還有些情況是，他的優越性並不那麼顯而易見。比如說，有些人覺得，只有自己在受苦。這樣的人總覺得，自己明明已經受了那麼多苦了，但周遭的人卻都不理解自己。這時候，對他而言，他人就會變成敵人。比如說，這樣的人生病了，他身旁的人擔心自己會不會說出什麼不恰當的話，所以與他接觸時都十分小心謹慎。周遭的人很難理解他生病的事。即使他可以明確指出身體某個部位的疼痛，擁有同樣疼痛經驗的人或者可以想像那種疼痛程度，他們只能理解自己的感受，對病人的痛苦理解有限。精神上的痛苦就更不用說了，這種痛苦只有當事者了解，不能因為別人不了解就責怪對方。即使如此，他們仍責怪他人，讓別人小心翼翼地對待自己，藉此讓自己取得比別人更優勢的立場。或者說，他們認為自己唯有透過這個做法，才能取得優勢地位。當然，並不是所有生病的人都是如此。

還有一種人是不努力改善自身狀況，內心惶惶不安，透過接受別人的幫助，來追求自己的優越性。精神官能症患者總是希望別人要幫助自己，希望別人把注意力都放自己身上。他們認為，他人應該要服務精神官能症患者，透過他人對自己的服務，讓自己成為擁有優勢的人。

精神官能症患者面對人生課題時會猶豫、裹足不前，或者藉由撤退，與人生課題保持距離。他會把自己放在一個確保自己可以成功，或者可以控制他人的位置。他們想追求的無非是輕鬆得來的優越性。這種意義的優越性追求是錯誤的，我會在後面整理出它的特徵。

天才的事蹟

說到這裡，讓我想起杜・普蕾。這位年紀輕輕就成名的天才大提琴家。杜・普蕾二十八歲時因為多發性硬化症病倒。她在某場演奏會中，突然失去手腕與手指的感覺。這對大提琴家的生涯來說是致命的疾病。

精神科醫師R.D.連恩（R.D. Laing）曾在自傳中談到杜・普蕾。他說杜・普蕾發病一年後，雙手幾乎永久喪失共同作業的能力。但某天她早上醒來，她的雙手奇蹟似地恢復功能。這個短暫的恢復只維持四天。在這段時間，雖然她已經很久都沒練習大提琴了，她仍把握時間完成了幾首具有紀念價值的曲子的錄音演奏〈蕭邦和佛瑞的大提琴奏鳴曲〉（Laing, *Wisdom, Madness and Folly*）。

連恩用杜．普雷的例子作為器質性損壞無法逆轉（當症狀是經由組織異常引起時，將無法恢復到原本的狀態）的反證案例之一。但我想關注的層面和連恩不同。我想杜．普雷應該沒有預期自己會恢復。那天早上，她雖然知道雙手的功能恢復了，但不曉得可以持續多久。結果只持續了四天。即使如此，她仍把握這個機會趕緊錄音。這就是杜．普雷的生命態度。要是她滿腦子只關心自己，我認為她絕對不會用這段短暫的恢復時期為自己的演奏錄音。我認為杜．普雷這時候追求的優越性絕不是為了自己。

杜．普蕾長期與病魔奮鬥，最後於四十二歲去世。自從發病後她再也無法從事大提琴家的活動。不難想像這件事對她而言是多麼痛苦的事。她究竟是如何度過這段太過年輕的晚年歲月呢？她的傳記中寫道，她雖然生病了，但並非無法行動，也曾因為心情混亂，做出脫序的行為。雖然她無法從事大提琴家的活動，但仍然站上舞台當一個打擊樂演奏者，或擔任普羅高菲夫的《彼得與狼》的朗讀者。她的傳記中提到，她盡可能透過各種方式，持續站在舞台上。杜．普蕾作為一位音樂家是偉大的，但更讓人敬佩的是，她作為一個人，不屈服於原因和治療方法都不明的疾病，堅毅地過完一生，我認為這才是她的偉大之處。杜．普蕾晚年完全體現不是「為了藝術而藝術」而是「為了人生而藝術」的生活態度。

「天才是最有用的人。而藝術家對文化有用，可以為大眾的閒暇時間帶來光芒與價值。這個價值是真的，不是散發空虛的光芒，而是依存於高度的勇氣與共同體感覺。」（《人為何會罹患精神官能症》）

不限於像杜．普蕾這類的天才，只要不是為了追求成功與名聲，或是不認真、希望輕鬆獲得個人性優越性的人，一般人也可以追求杜．普蕾追求的這種優越性，經常把共同體或他人納入自己的視野當中。

為了改變世界

阿德勒成為醫師，並非為了獲取成功和名聲。阿德勒希望把這個世界變得更美好。前面提過很多次，阿德勒在幼年時期因為得了佝僂病，身體無法自由活動。他曾回想起，某天與身體健康的哥哥西格蒙德見面時，他自己包著繃帶坐在長凳上。

阿德勒四歲時，比他小三歲的弟弟魯道夫罹患白喉。當時這種疾病尚未為人所知，因此阿德勒仍和弟弟睡在同一個房間，沒有做任何預防感染的措施。某天早上醒來，他發現睡在隔壁床的魯道夫身體變得冰冷。

阿德勒自己也曾在五歲的時候感染肺炎，差點失去性命。事情是這樣的，在某個冬天的日子裡，他被一位比他年長的男生帶去溜冰。當阿德勒正要開始溜冰時，轉頭發現那名男生卻早已不見人影。傳記上只提到那名男生不見了，沒提到原因，可能是那男生覺得太冷自己先回去，也可能是他來溜冰沒跟父母說，怕挨罵，所以丟下阿德勒，自己先回家了。

阿德勒就這樣一直站在冰上，天氣越來越冷。那名男生一直沒回來。內心感到不安，受了風寒的阿德勒，最後總算靠自己找到回家的路。他一回家就躺在沙發上睡著。大家都沒發現阿德勒的異狀，直到晚上才把醫師找來。他父親在馬上裝上雪橇，半夜穿過維也納的街道，才把醫生請來。這時候，阿德勒已被醫師宣告放棄。弟弟才過世沒多久，所以當他被醫生宣告即將死亡時，阿德勒完全可以理解。但後來，奇蹟發生了，他的肺炎痊癒了。就在這時候，阿德勒下定決心要當一名醫生。

由於弟弟的死，與自己從小體弱多病與死神打過交道的經驗，使他很早就開始關心死亡的問題，並下定決心要當一名醫生。阿德勒說：「我從小就對死亡的問題很熟悉。」（《孩子的教育》）下面關於這位少年的描述，其實和阿德勒自身的經驗有所重疊。

「假設有一位少年周遭時常發生疾病和死亡的威脅。這名少年長大後可能會成為一名醫師，希望透過與死亡搏鬥的決心，平息對死亡與疾病的恐懼。」（《人為何會罹患

精神官能症》）

但不是每個人都會因為這樣的經驗而下定決心成為一名醫師。孩提時期經歷身邊的人死亡的經驗，對小孩的內心會造成非常強烈的影響，有時候甚至會令他生病。

以我自身的經驗來說，小時候的我原本過著無憂無慮、根本不知死亡為何物的日子，忽然在念小學的某一年內，連續經歷了祖父、祖母、弟弟死亡的經驗。這些經驗使我了解到一件事，那就是人生總會有結束的一天。但對於死亡這件事，我無法知道得更多，雖然我試著向周遭的大人詢問死亡為何物，但沒有人肯回答這個問題。現在回想起來，他們應該是不知道怎麼回答吧。於是，我必須一直面對這個沒有答案的問題，使我有很長一段時間精神陷入憂鬱的狀態。

阿德勒舉了一個例子，有一個因為姊姊死去而受到很大的震撼的小孩，被別人問到將來做什麼時，他回答是挖墓工。他說，因為「我想埋葬別人，而不是被別人埋葬」。另一個小孩則回答，他想「成為生與死的主人」，所以長大想當一名死亡執行人（《阿德勒心理學講義》）。

阿德勒終於不辜負家人的期待，進入維也納大學醫學院就讀。比起成為研究者或專家，他更希望當一名臨床醫師去治療病患。但醫學院的課程比較不重視對患者的關心和治療方式，大多重視實驗或診斷的正確性，因此他覺得這些課非常無聊。取得學位之後，他在綜合醫院「外來患者檢查科」工作。由於出身的關係，阿德勒直到一九一一年為止僅持有匈牙利的公民權，所以他只能以志工的身分在綜合醫院工作。在那個沒有社會保險制度的年代，奧地利的綜合醫院專門被蓋來提供給勞動階級的家人做免費的治療服務。阿德勒在那裡當眼科醫生，不支薪，純粹為病人服務。這也是阿德勒對社會主義關心的緣起。

結婚後，他自己開業當內科醫生，全年無休地工作。從早到深夜，他不是為病人看病就是在勤奮地學習。有時他為了和朋友討論事情晚上會去咖啡館，很少待在家裡。阿德勒是一位充滿理想，對工作十分有熱忱的醫師。

親切和藹又能明辨是非的阿德勒，很快地成為備受尊敬的醫師。不管是患者或同事都知道，這位醫生似乎擁有超人般的直覺，每每能做出精準的診斷。對於想透過醫療活動改革這個世界的阿德勒來說，患者的經濟能力不夠並不會造成他的困擾。

某次，阿德勒曾說過這樣的話。說話的對象是接受阿德勒教導，後來成為阿德勒心理學指導者的阿爾弗雷德．法勞（Alfred Farau）。是年，阿德勒五十七歲，法勞二十三歲。

「阿德勒老師，您會認為人無論如何都難逃一死嗎？」

「如果我會這麼想，大概就不會成為醫師了吧。我想和死亡奮鬥，殺死它，控制它。」

但是我們都知道，醫學發達或許可以在某種程度上讓人逃離死亡的魔掌，但人最終仍難逃一死。阿德勒非常反對死後的生命這類無法證明的理論。他也否定心靈主義（spiritualism）、占星術、心電感應。他認為，宗教性的信念大多是為了讓人忘記自己可以控制自己的命運，藉此模糊個人的責任（阿德勒認為個人責任與人類的進步息息相關）。

但是，阿德勒不至於否定宗教。這一點和佛洛伊德把宗教視為一種普遍性的強迫症的看法，呈現鮮明對比。關於宗教和生活型態的關係，我想留到後面再詳述。

把話題拉回到阿德勒與法勞的對話。法勞問：

「老師，想到『這個我』會死掉，您不會感到害怕嗎？」

「不會，我不會感到害怕。很久之前，我就和這個想法和解了。」

阿德勒不把人會死這件事，看作是不幸的事情。

「即使現在所有正享受的事物化為烏有，我也不覺得自己很不幸。」

到底阿德勒是怎麼和死亡和解的呢？對阿德勒而言，死與生密不可分，緊緊相依。

法勞最後一次見到阿德勒是在一九三五年，即阿德勒去世的前兩年。

「記得以前你曾問我為什麼要當醫生對吧。因為我想殺死『死亡』。」

阿德勒停頓了一下，繼續往下說：

「我沒有成功。但我在過程中，發現了一樣東西——個體心理學。我認為它很有價值。」（Manaster et al. eds., *Alfred Adler: As We Remember Him*）

阿德勒於一八九七年與拉依莎．艾普斯坦相遇並結婚。拉依莎是俄羅斯的才女，來到維也納留學，與阿德勒在社會主義的讀書會中互相認識。拉依莎和托洛斯基十分熟識。阿德勒和拉依莎生下四個小孩，瓦倫婷（Valentine）、亞歷珊卓拉（Alexandra）、科特（Kurt）、柯妮莉亞（Cornelia）。其中，亞歷珊卓拉和科特長大之後成為精神科醫師。

後來，阿德勒發行了一本與公共衛生相關，名為《裁縫業的健康手冊》的小冊子。阿德勒很早就對社會醫學感興趣，這是一門專門研究健康、疾病與社會性因素之間關係的學問。阿德勒把成為醫師當作是拯救人類的手段，他希望改變這個世界，而不是為了增加個人的財富（霍夫曼《阿德勒的生涯》）。

如同前述以及後面我們會陸續提到的，阿德勒想做的事情不僅是透過治療的實踐改變世界，根據他與法勞最後的對話，還包括了創建個體心理學的體系。阿德勒說：

「當你站在錯誤的立場看事情，心理學幾乎派不上用場。」（《孩子的教育》）

阿德勒放棄透過政治改革救濟人類，而是希望透過從育兒、教育等個人的改革，改造這個世界。他不把重心放在研究，而是專心於治療、育兒、教育，並在世界各地演講。

「善」的終極目標

接下來，我想確認目的追求性中的「優越性追求」的定位。

「器官缺陷、受到溺愛、受到忽視，這些狀況常會讓小孩子訂立與個人幸福、或人類發展互相矛盾、只為了滿足征服感的具體目標。」（《追求生存的意義》）

阿德勒把工作的據點轉移到美國之後，在維也納承接阿德勒工作的莉迪亞．吉哈（Lydia Sicher）認為，人各自擁有不同的出發點和目標，她把終極性的目標稱作「綜合性目標」（overall goal），把個人自己決定的目標稱作「個人性或具體化的目標」（personal or concretized goal）。綜合性目標指的就是力量、美、完美、神等，每一種都是最高的理想，這些目標未必可以被達成。相對地，比如說以力量為目標的人，他的願望說不定是當一位拳擊手。這時候，想成為拳擊手這個目標就是個人性或說是具體化的目標（Sicher, *The Collected Works of Lydia Sicher*）。阿德勒也有類似的說法，像是「一種完美觀念的具體化」，以及「比如說，有某人把這個目標具體化時」（*Superiority* and Social Interest）。

我認為吉哈所說的綜合性目標，就是善、幸福。從前面引用的阿德勒說過的話也可以得知，人在訂立目標時，以個人性層級來說應該是幸福，以人類層級來說應該是進步，但實際上人在訂立目標時，卻總是訂立一些對於達成這些目標毫無貢獻的目標。「我們沒有人知道，哪一條道路才是通向完美的唯一正確的道路。」（同前書）比如說，有些人認為完美的目標應該是自己可以掌控他人。

我認為阿德勒說的優越性應該被包含在柏拉圖認為的「善」這個終極目標之中。如前述，善這個字的意思本來的意思是指對自己「有用處」的事物。人絕對不會去追求自己不想要的事物。唯有這種善，才是人最終的行動目標。為了實現這個目標，人會訂立次要的目標。

後來的德瑞克斯（Rudolf Dreikurs）或野田俊作就把不恰當的行動目的，例如「權力鬥爭」、「復仇」等，看作是為了達成終極的善（幸福）所訂立的次要目標。

優越性追求同樣是次要目標之一。我們待會後面會看到，追求個人性優越性對於實現善來說，並非有效的次要目標。阿德勒後來放棄「對權力的意志」，雖然不是一般人普遍的目標，但有些人會把它視為為了達成善的次要目標。

正確的優越性追求以及錯誤的優越性追求

優越性的追求（striving for superiority）這個詞，如同吉哈指出的難以避免地會喚起人「上」「下」的意識（Sicher, *The Collected Works of Lydia Sicher*）。事實上，阿德勒確實使用過幾次上、下的說法，比如說提到個人性優越性的追求時，他是這麼形容虛榮心的，「可以看見一條向上發展的線」（《性格的心理學》）。

但是，當阿德勒說人生就是不斷地朝目標移動，「活著就是在進化」（"Über den Ursprung des Strebens nach Überlegenheit und des Gemeinschaftsgefühls"），吉哈認為阿德勒指的進化不是「上」「下」，而是朝「前方」移動，沒有優劣之分。每個人都是從自己的出發點朝目標前進。只是，有些人走得快，有些人走得慢。

阿德勒在後來的著作中，把優越性追求區分為正確的方向與錯誤的方向。所謂錯誤方向的優越性追求，綜合前面說的那篇論文，可以歸結成三點：

1 控制他人

2 依賴他人

3 不想解決人生的課題

下一章我們會提到精神官能症，上面這三點與精神官能症患者的特徵完全一致。理解精神官能症患者最好的方法，就是不要去考慮所有精神官能症的症狀，而是直接調查患者追求優越性的目標以及他的生活型態（《人為何會罹患精神官能症》）。阿德勒在討論這個問題的時候，對象不限於精神官能症患者，還包括有行為問題的小孩、犯罪者、甚至是擁有自卑感的一般人。

無論有無出現症狀，精神官能症患者在面對人生的課題時，都沒有解決問題的意願（即3不想解決人生的課題）。他們面對人生課題的時候，認為沒有成功解決問題就等於失敗，所以害怕失敗，採取「猶豫不決的態度」、「原地踏步（想把時間停下來）」（同前書）。

有人選擇站在原地，也有人選擇撤退。「如果……的話……」是精神官能症患者內心小劇場的共同主題（同前書）。比如說，如果我不那麼懶惰的話，我早就當上總統了（《阿德勒心理學講義》），或是「如果我沒和這個人結婚的話，應該就會和那個人結婚了吧」（《人為何會罹患精神官能症》）。

要不然就是常說「好……可是」（yes…but）結果完全不處理人生應面對的課題（《阿德勒心理學講義》）。比如說，「我會做這個工作，可是……」，說完「可是」之後，接著開始搬出自己不想面對課題的理由。也就是使用「都是因為A（或因為不是

A），所以無法做B」這樣的理論，而且這個A必須是讓對方聽了覺得情有可原的理由。

阿德勒認為，在日常生活中時常使用這種理論的情況，就稱作「自卑情結」。對此，阿德勒舉了小孩子熱中於撲克牌遊戲的例子做說明。若阿德勒活在現代，關注的對象應該就會是熱中於電動玩具的小孩吧。小孩子會說，因為電動玩具玩得正起勁，所以沒辦法讀書（《孩子的教育》）。阿德勒又說，某些年紀輕輕就結婚的人也會用結婚作為藉口，因為他想把人生的不順遂都推給婚姻。

有人會搬出遺傳的理由，解釋自己沒有才華。或是說，現在的自己會變成這副模樣，都是因為父母的養育方式有問題，或把問題歸咎於自己的性格。有人說：「我的性格易怒，因為他說了讓我不耐煩的話，所以我把他殺了。」當然，我們不可以因為這個理由就殺人。引用阿德勒的話來說的話就是：

「個案告白出自卑情結的那一瞬間所透露出的事情，很可能就是造成他生活中出現困難或狀況的原因。他可能會提到自己的父母或家族，或說自己教育程度不高，或曾遭受什麼樣的事故、妨礙、壓抑等。」（《阿德勒心理學講義》）

當精神官能症患者說，「如果我沒有這些症狀的話」，就是希望透過這樣的說法，避免認輸或丟失顏面（《追求生存的意義》）。他們的想法是，做任何事都必須成功才行，他們只敢挑戰保證成功的事情。但是，假如有一點點失敗的可能，或是確信不可能成功時，他們一開始就會放棄挑戰。或者即使失敗，他們也會透過這些症狀，讓自己不遭受致命的打擊，就像走鋼索的人預想自己可能會跌落，事先在下方鋪好網子一樣（《孩子的教育》）。症狀就是為了這個目的被創造出來的。

所以說，症狀不過是用來逃避課題的藉口。當一個人提出精神官能症作為藉口時，不僅欺騙別人，也欺騙了自己。像這樣，找各式各樣的藉口，不去面對人生課題，阿德勒把這樣的狀況稱作「人生的謊言」。

其次，精神官能症患者自認無法解決人生的課題，希望能交給別人解決，他的依賴心很重（即前述的2依賴他人）。關於自卑感顯著的人，阿德勒是這麼說的：這些人一直往對人生無益的面向前進，「不試著去解決問題，反而把別人的幫助當成唯一的救贖」（《阿德勒心理學講義》）。

第三，精神官能症患者會透過症狀（例如憂鬱狀態、飲酒、幻覺等）控制周遭的人（即前述的1控制他人）。有憂鬱症的人會不斷抱怨自己有多麼痛苦，藉此控制他人（同前書）。一個人生病了，周遭的人不可能坐視不管。當小孩說他心裡很害怕，不敢出門時，父母親就不能出去工作了。當他晚上說自己的心裡感到害怕時，身邊的人就要不眠不休地照顧他。就這樣，無論是白天或晚上，病人都成功地控制他的家人，讓大家把注意力放在自己身上。他把自己心裡感到害怕作為控制別人的手段。「讓別人無時無刻待

在自己身邊，無論到哪都得跟在自己身邊才行。」（同前書）

同理，透過生氣讓他人為自己著想，透過悲傷讓某個人一直待在自己身邊，或者是不斷地責罵別人，這些行為的共同目的就是想控制他人，這正是方向錯誤的優越性的特徵。

優越性追求與共同體感覺

優越性的追求若違反共同體感覺的概念，或以虛榮心的形式表現出來，就稱作個人性優越性追求。相較之下，正確方向的優越性追求應該是伴隨著（mit）共同體感覺的優越性追求，而錯誤方向的優越性追求，則是違反（gegen）共同體感覺的優越性追求。

共同體感覺和優越性追求並非兩種不同的動力因，它不會和利己性的優越性追求產生對立。阿德勒把人視為不可分割、一種整體性的存在，也就是整全觀（holism），既然他認同這個概念，他就不會把優越性追求與共同體概念視為兩種獨立的動力因，把共同體感覺看作是與利己性目標追求分庭抗禮的第二種動因或利他性動因。阿德勒的想法是，共同體感覺是一種規範性的理想，一種作為方向指引的目標（"Über den Ursprung des Strebens nach Überlegenheit und des Gemeinschaftsgefühls"），透過這個目標，賦予優越性追求的方向性。

第六章

脫離精神官能症性質的生活型態——活在簡單的世界中

改善生活型態的必要

在上一章，我們看到錯誤的優越性追求的特徵和精神官能症患者的特徵一致。在本章，我們將延續前面的議題，繼續考察精神官能症性質的生活型態。這裡使用「精神官能症性質的生活型態」這樣的說法，是因為不一定是出現精神官能症症狀的人才會有這種生活型態。也就是說，有些人沒有出現症狀，卻擁有和精神官能症患者一樣的生活型態。阿德勒認為不管是精神官能症患者，或是尚未發作、還不能稱作精神官能症患者的人，只要擁有這類型的生活型態，都必須加以改善。

有人解釋，共同體感覺意思就是同伴，人與人互相結合（mit）。"me with you"（我中有你）是共同體感覺，相反地"me against you"（我反對你）就是精神官能症（Brett, Introduction. In Adler. *Understanding Life*）。精神官能症患者或擁有精神官能症性質生活型態的人，都不認同同伴的存在，因此也不願對同伴付出，做出貢獻。

對阿德勒來說，精神官能症是生活型態層次的問題。因此，只要生活型態未被改善，即使成功去除眼前的症狀，還是會產生其他更嚴重的症狀。因為症狀是生活型態的必備要素。

在阿德勒的時代，當時的人還不知道腦中的病變會使人產生精神疾病。阿德勒的女兒亞歷珊卓拉．阿德勒曾說，要是父親知道藥物療法，應該會接受，因為「他對任何進步的事物都保持開放的態度」（Manaster et al. eds., *Alfred Adler: As We Remember Him*）。但我想，要是阿德勒知道現今這種動不動就給藥物的治療法，應該會大力反對吧。阿德勒總認為，預防勝於治療。他認為精神官能症就是生活型態出問題。而且如前述，生活型態並非與生俱來，而是可以透過決心加以改變的態度，所以不是症狀去除就沒事了。他認為，即使花再多時間，都應該要改善自己的生活型態。

整理精神官能症性質的生活型態如下：

1　認為我沒有能力

這裡所說的能力是指解決人生的課題，為他人付出，做出貢獻的能力。

2　認為每個人都是我的敵人

阿德勒說精神官能症患者、有問題行為的小孩、犯罪者，這些人都會形成這樣的生活型態。雖然表現的方式不同，但根本的生活型態是一樣的。

容易形成這種生活型態的小孩，阿德勒舉出三種類型。首先是有器官缺陷的小孩。這類的小孩之中，有些人可以靠自己的力量適當地補償缺陷，不必依賴他人，努力面對人生的課題，也有的人依賴心變得很強，希望別人替自己承擔人生的課題。

第二種是受溺愛的小孩。他們會認為自己無法處理人生的課題，依賴心變得較強，習慣獲得別人的關注和照顧，總是一心想控制他人。

第三種是被怨恨的小孩。他們感覺自己不被任何人所愛，在這個世界不受歡迎。對這樣的小孩來說，他人通常都是敵人。

這裡列出的三種特徵，控制他人、依賴他人、不打算解決人生的課題，和前面我們看到的，用錯誤的方向追求優越性所呈現特徵一模一樣。

1 控制他人

2 依賴他人

3 不打算解決人生的課題

被溺愛的小孩

其中，我最想討論被溺愛的小孩。因為，在現今的社會，小孩出現問題行為常會被歸因於被愛得不夠，事實上，更多的問題是來自於父母給予過多的愛，或是小孩子對於愛的饑渴，也就是父母親太過寵愛小孩子、小孩已經十分受寵卻還希望得到更多的愛。

阿德勒與佛洛伊德意見對立的議題之一就是，前面曾提過的戀母情結。阿德勒認為這種情結並非普遍性的事實，而是只發生在被溺愛的（阿德勒後面又接了一句「精神官能症的」）人身上，屬於特例（《自卑與超越》）。在這個情結下的犧牲者，通常受到母親過度溺愛，被教導不用對別人產生關心，相信自己的願望都能被滿足。

這種被溺愛的小孩，到底是如何形成這種精神官能症性質的生活型態呢？

關於被溺愛的小孩，阿德勒是這麼說的：

「母親過分溺愛小孩，在態度、思考、行為、語言上都過分協助小孩的話，小孩立刻會化身為『寄生蟲』（榨取者），期待別人為他做所有事情，總是死皮賴臉的要大家關注他，用盡一切努力要讓別人為自己服務。他們會顯現出自我中心的傾向，壓迫他人，時常受到他人的縱容，把沒有付出只希望得到視為自己的權利。像這樣的訓練只要持續個一、兩年，就足以讓他的共同體感覺以及互助合作的傾向變得停滯不前。

這類小孩有時希望依賴別人，有時希望壓迫別人。但現實世界卻要求大家要擁有共同體感覺與互助合作的精神，這與他的期待相反，他無法克服這個障礙。當被溺愛的小孩心中的幻想被剝奪時，他就會在他的人生當中建立許多敵對性的原則。他（她）們的問題充滿悲觀，『人生到底有什麼意義』、『為什麼我非要愛我的鄰人不可』。即使他們會遵守一些比較積極性的共同理念的合法性，但都不是出於自願，而是害怕被排擠、懲罰。面對交友、工作、愛情的課題時，他們會因為找不到通往共同體感覺的路徑而受挫，身心都受到影響。他們會在敗北的意識出現前後立刻撤退。當這樣的壞事發生太多次，久而久之，他們就會更加固執於他們最熟悉的孩子氣的態度。」（《追求生存的意義》）

阿德勒說，雖然許多父母親一味地溺愛孩子，幸好大多數的小孩都會對此產生激烈的反抗，因此實際上帶來的弊害不如想像中來得多。但真的如阿德勒所說的就好了。如今，受到父母溺愛的小孩，或說啃老族的人數比阿德勒的時代多太多了不是嗎？

「當你在精神官能症患者之中，看到很高比例的人度過一個被動的、失敗的幼年時期，或者在犯罪者之中看到很多人過去曾積極地行動但最後卻屢屢失敗等現象，不必感到驚訝。這些人長大之後，很明顯會出現不適應的狀況，若不是受教育方面出現困難，就是沒有被人觀察出來……在醫學心理學的領域中，所謂幼年時期的失敗，扣除掉虐待的案例不算，幾乎都發生在被溺愛、依賴心重的小孩身上。」（同前書）

阿德勒又在別的地方提到，小孩的問題行為、精神官能症、精神病、自殺、違法行為、藥物依賴、性倒錯等，這些問題都是由於共同體感覺缺乏而產生。「幾乎都可以追溯到他在幼年時期受到溺愛，或是他極度渴望被溺愛時的舒適狀態。」（同前書）

阿德勒認為，精神官能症、犯罪，追根究柢都和小孩受到溺愛有關。為了避免讓小孩成為精神官能症患者或犯罪者，我們有必要多加考察關於溺愛這件事。

阿德勒用 Parasitär（英文為 parasitic）這個字來形容受父母溺愛的小孩。也就是把小孩比喻作寄生蟲（Parasit, parasite）的意思。關於語言發展遲緩的小孩，通常出現在母親會用「這個小孩語言發展比別人慢」為理由擅自替小孩回話的成長環境中。既然有人代為回話，小孩就不用自己說話了。因為他知道，就算他不說話，父母也會代替他說話。

還有一種情況是，小孩話還沒說完，父母就插嘴，不允許他自己回答（《孩子的教育》）。這種小孩會躲在母親的圍裙後面，抓著圍裙的綁線或裙擺，因為他認為只有母親後面的世界才是安全的。

母親是小孩在這個世界上第一個遇到的「同伴」。但是，阿德勒說，母親不可以讓小孩子以為這個世界只有妳才是他的同伴。要幫助他知道，這個世界除了母親之外還有其他的同伴，不是只有母親會關心自己，還有別人也會關心你。

但是，會溺愛小孩的母親，不允許小孩對自己以外的人產生興趣，認為小孩應該和母親團結在一起共同對抗全世界。這時候，母親就已經把小孩變成寄生蟲了。

小孩＝母親←→世界（他人）

的確，母親是小孩的同伴，但小孩和母親若過於緊緊相依的結果，就是小孩會把這個世界當作敵人，對原本應該關心的世界（他人）不感興趣，只把關心放在母親身上。

再加上母親過於為小孩盡心盡力，導致小孩無法學會自立，也不知道自己的課題要靠自己解決，導致這樣的小孩只知道拿取（get, take）而不懂得給予（give），也不知道與別人合作的必要性。前面的引用文中出現的形容詞「榨取者」（《孩子的教育》），意思就是「榨取」他人的貢獻。

對自立的抗拒

小嬰兒為了活下去，一定要使喚父母把食物送進自己的嘴中。他還不會說話，只能靠哭泣讓旁邊的大人伺候自己，不這樣他就無法活下去。阿德勒說：「小嬰兒是最厲害的，因為只有他能控制別人，別人無法控制他。」（《阿德勒心理學講義》）

但不允許他控制父母或身旁大人的日子總有一天會到來。小孩若不改掉如小嬰兒般控制他人的習慣，就無法變成大人。雖說如此，仍有小孩在精神上一直保持在嬰兒時期，拒絕長大，希望一輩子都能活在幼年時期。因為在幼年時期，自己什麼都不用做，身旁的人都會替自己準備好所有事，他一點也不想離開這樣的舒適環境。他明知自己不可能一直保持在這樣的狀態，但仍說話像個小嬰兒，只想和比自己年紀小的小孩一起玩。

於是，父母溺愛小孩，小孩也希望能一直被溺愛。小孩尿床、夜哭就是對於自己被要求要自立、合作時所做的抗拒。

「尿床這個症狀會出現在一開始備受寵愛，後來卻『失去寶座』的小孩身上。他透過這個行為明確告知父母，即使在晚上，我也努力地想獲得母親的關注、我不能忍受一個人被晾在一旁。」（《孩子的教育》）

被溺愛的小孩會出現下面這些症狀。尿床、進食障礙、夜驚症、不停咳嗽、便祕、口吃等。

「這些症狀的出現，是為了向那些要求自己要自立、合作的大人提出的抗議，強迫別人提供他援助。」（《追求生存的意義》）

這些症狀都是小孩為了博得父母關注而產生的。我一定要獲得關注、一定要大家都注意我，這樣的心態並不健康，因為這個世界並非繞著自己轉。

想要獲得別人關注還有另一個不健康的理由，那就是「不想自立」。

有些小孩不想自立。即使如此，他還是會遇到父母希望他自立的時候。特別是當弟弟妹妹出生時，這些作為哥哥姊姊的小孩就會被父母提醒：「從今天起你就是姊姊（哥哥）了，所以自己做得到的事就要自己做喔。」當這些小孩知道，以前可以依賴父母的事情現在都不被允許了，而且父母期待他必須自立時，小孩一定會對這樣的要求產生抗拒。

前面提到的那些症狀都是有目的性的。以尿床為例，小孩的目的就是希望獲得關注、控制他人。但是光只有白天不夠，晚上也要獲得父母的關注，藉由這麼做，他就可以控制別人。白天，他可以控制自己的身體不要尿出來。到了晚上，小孩就會在父母熟睡時尿床，因為他知道，這麼做讓父母感到困擾的效果更好，更能讓自己獲得父母的關注。

會尿床的小孩，顯著的特徵就是怕黑。阿德勒不太關注小孩怕黑的原因，他比較關心他們怕黑的目的。每個被溺愛的小孩，都會透過怕黑引起父母的關注。

這些小孩並不是真的怕黑。某個晚上，小孩一如往常地哭了起來。母親聽到他哭，問他：「為什麼害怕？」「因為很暗。」這時，母親領悟到小孩這麼做的目的，於是告訴他：「那麼媽媽來了，現在是不是不那麼暗了。」

「暗不暗本身並不重要。小孩怕黑，不過是不喜歡母親離開，只剩自己一個人的感覺。」（《自卑與超越》）

小孩尿床，就是用膀胱代替嘴巴說話。同理，心臟、胃、排泄器官、生殖器官等出現功能障礙，都是某個人為了達到某個目的所透露的訊息。阿德勒把這樣的功能障礙稱作「臟器語言 organ dialect, organ jargon」（《人為何會罹患精神官能症》）。

雖然小孩會不斷抗拒自立，但他不可能一直在父母的溺愛之下成長。那些習慣父母替自己做任何事的小孩，隨著他慢慢長大，會知道自己已經不是大家關注的焦點了。他以前認為，成為關注的焦點是他與生俱來的權利，但沒想後來卻慢慢失去大家的關注。當他領悟到這點，他很快就會放棄原本的想法。其實，希望不斷得到大家關注，成為大家關注的焦點，這種想法本來就是錯誤，也是不可能的事。即使如此，還是有小孩知道自己不是大家關注的焦點時，覺得不服氣而不斷抗爭。當父母要求他合作時，他甚至會公然反抗，甚至圖謀報復。

當被溺愛的小孩知道自己不再是受關注的焦點時，會認為自己被母親欺騙了。對被溺愛的小孩來說，只要從母親提供保護的熟悉世界往外踏出一步，就是「敵國」。特別是當小孩進入托兒所或學校等新環境時，內心就會產生這種感覺。這些從小被溺愛的小孩原本在溫暖的環境中長大，對於外面冷風的凜冽，感受會比一般人更強烈。

在一般的狀況中，我們很難察覺小孩的生活型態。但當他面對困難的狀況，或是他身處的狀況改變時，我們就能很清楚地看出來。比如說，當小孩踏進學校上課時，資深的老師可以一眼看出他在家裡時未被察覺的生活型態。阿德勒說，觀察力敏銳的老師在小孩進學校的第一天時，就可以看出他的生活型態（《孩子的教育》）。

這些小孩大概從小就被父母灌輸這個世界是幸福美好的（同前書）。雖說用悲觀的語言描述這個世界並不妥當，但過度美化也會成為問題。被溺愛的小孩當他真正面對現實世界後，他對世界看法就會變成非常負面。

這時，這個拒絕自立、從小被溺愛的小孩，一瞬間就會轉變成「惹人厭的小孩」。阿德勒使用惹人厭的小孩這個用詞時，除了指真的被父母親討厭的小孩，也可以用來指稱如同失去寶座的長子一樣，那些自認為被父母討厭、失去父母的愛的小孩。

但是，即使在這樣的狀況下，這些小孩仍企圖奪回失去的寶座，換言之，他們認為這是自己與生俱來的權力。他希望得到他人對他的愛，卻又不願做出相對應的付出。這樣的心態即使等他長大之後，依然不會改變。

即使長大之後

這樣的小孩長大之後，滿腦子想的都是別人會替自己做什麼。如果身邊有人可以滿足他的期待那就另當別論，但當他發現別人不一定要滿足自己的期待這個理所當然的事實時，他會開始反彈，公然反抗，變得具攻擊性。即使如此，他仍希望從別人身上獲得愛。或者有一種人很聰明，他會讓周遭的人認為大家必須提供他援助。這些人不知道還有其他的方法可以與這個世界產生關係。

但很遺憾的，什麼都不付出的人，不會被這個世界接受。這正好說明了，為何這樣的人總是容易感到挫敗。

阿德勒認為，即使扣除掉弟妹妹誕生的因素，被溺愛的小孩最後一定會變成惹人厭的小孩。「在我們的文明中，並不歡迎被溺愛的小孩，無論是社會或家庭，都不希望看到一個人受到溺愛的時期可以被無限延伸下去。」（《阿德勒心理學講義》）「因為大家會覺得，一個沒做出任何貢獻的人，卻又想成為大家關注的焦點，這種想法太不切實際。」（同前書）

關於貢獻的意思，我後面會詳述。總之，在被溺愛的環境中長大的人，不知道怎麼和現實世界相處，這個世界和他過去身處的世界完全不同。

其實沒有一個小孩是真正被討厭、或受到忽視的。因為這樣的小孩根本就活不下去。但是如同前面提到的，他們因為過去的經驗，對這個世界抱持著錯誤的看法。

阿德勒時常在探討被溺愛的小孩的問題時，蘊含著對佛洛伊德的觀點的批判。佛洛伊德說：

「我們所背負的人生，對我們來說實在太辛苦，太多的痛苦、失望和難解的課題都從中而生。想要承受這樣的人生，沒有鎮痛劑根本無法撐過去。」（Freud, *Das Unbehagen in der Kultur*）

佛洛伊德舉出三種鎮痛劑，強力的紓壓，代償性滿足，以及毒品。

人生為何如此痛苦？他認為苦難的原因有三個。第一個是自己的身體終究得面對衰老死亡的命運。第二是外界會以壓倒性地、毫無慈悲、具破壞力的力量襲擊人。第三，與他人的關係。佛洛伊德認為，與他人的關係所產生的痛苦遠比前面兩種來得難受。

因此，想要逃離這樣的苦難，保護自己最自然的方法應該是「自願孤獨，遠離他人。」（同前書）

釋尊的教誨也是視人生為苦，但被溺愛的小孩，或是從小在溺愛的環境中長大的人，他們視人生為苦的原因是：只要這麼想，就可以正當化自己遠離人群的行動。但若處於真正的孤獨狀態，人根本無法活下去，所以他們仍希望身邊有人可以服侍自己。這樣的人看待他人的態度，永遠是別人可以為我做什麼。

人生很苦，而且最苦的就是與他人的關係，這是佛洛伊德的想法，就某種層面來說，這個觀念確實很容易被現代人接受。的確，人際關係並不容易處理，阿德勒也說：「人的煩惱，全都來自於人際關係的煩惱。」（《阿德勒心理學講義》）但是阿德勒不建議我們因此迴避人際關係。他認為他人並非敵人而是同伴，應與這些同伴產生連結，同時獲得同伴支援，把同伴視為自己存在的根據。這和佛洛伊德教大家要遠離人際關係，排斥人生痛苦的想法天差地別。

不僅如此，阿德勒認為，對他人漠不關心的人，會遭遇人生中莫大的困難以及對他人帶來莫大的傷害。人類所有的失敗都是來自這些人。

精神官能症的邏輯

不管是被溺愛的小孩、有器官缺陷的小孩、惹人厭的小孩都擁有精神官能症性質的生活型態，甚至有些人真的會患上精神官能症。

當有人來找我做精神官能症方面的心理諮商時，我一定會問他：「這個症狀出現之後，你有什麼事情變得無法做了嗎？」或是「這個症狀治好的話，你最想做什麼？」問這兩個問題的目的都一樣。比如說，有一名紅臉症的女性被問到：「假如妳的紅臉症治好了，妳最想做什麼？」她回答：「我想和男生交朋友。」從她的回答就可以發現，與男生交往是她目前面臨的課題，而且她認為自己無法解決這個課題。

這個女性的邏輯是，因為自己有紅臉症，所以不敢和男生交朋友。這個症狀使她緊張，說話結結巴巴。她認為紅臉症是她無法和男生交朋友的原因。

但是，稍微思考一下就知道，紅臉症對於與男生交朋友這件事，並不是致命傷。因為有些男生對那些初次見面不膽怯、說話邏輯清楚的女性沒感覺，反而比較喜歡靦腆的女性。

那麼，為什麼這名女性會得紅臉症呢？雖然我問「為什麼」，但我想得知的不是原因，而是她的目的。很可能最根本的問題出在她本來就不擅長處理人際關係。或許她身邊有許多人（例如姊姊或妹妹）都非常擅長處理人際關係，擁有許多朋友（而且很多異性朋友）。當她覺得自己絕對贏不了那些人時，就會脫離競爭。但光只有脫離競爭還不夠，因為任何人都不希望輸。為了保全顏面，紅臉症對這名女性來說是必要的。所以她心裡會想：因為我有紅臉症，所以不敢和男生交朋友，要是沒有這個症狀，我也可以和男生交朋友……。這麼想的話，她自己就能接受了。但事實是，她無法和男生做朋友的原因，和這個症狀一點關係也沒有。只要她接受適當的溝通訓練，和別人交朋友並非難事。當然，和男生交朋友，最後不一定可以獲得自己期望的結果，但至少她不會連第一步都不敢跨出去。

處理課題遭遇困難就想逃避，這樣的生活型態，阿德勒形容它是「不是全部，就是什麼都沒有」（《孩子的教育》、《人為何會罹患精神官能症》）。

這種生活型態不只發生在精神官能症患者身上。比如說對一個不用功念書的小孩說：「你明明可以讀得很好，為什麼不讀書。」不說還好，這麼一說他就絕對不會再念書了。因為他想保留我其實很會讀書的可能性。

關於震驚

關於精神官能症，阿德勒是這麼說的：

「任何人只要密集受到責難，內心一定會感受到震驚。但這個感覺若一直持續下去，就表示這個人還沒準備好解決自己的人生課題。這樣的人會（在課題面前）裹足不前。為什麼他會裹足不前？我的說明如下。這樣的人在面對各種問題時，無法做好準備，他從孩提時期開始，就沒有和別人合作的經驗。

但是我必須說，我們看到所有精神官能症的症狀，都是痛苦，絕對不是舒服的經驗。假設某個人產生頭痛症狀，可以歸因於他面對某個課題卻還沒做好解決的準備的話，那麼在其他的狀況下，縱使我要求他頭痛，我想他也痛不起來吧。所以，當精神官能症患者聽到『這些痛苦是你自己產生的』、『這些痛苦是你自己想要的』這樣的說明，會立刻否認。

維持現狀確實很痛苦。但這和著手解決課題（結果卻解決不了）時發現自己真的很沒用的痛苦相比，後者的痛苦更厲害，導致他寧願選擇現在的痛苦。精神官能症患者會忍耐所有精神官能症的症狀產生的痛苦。無論是有精神官能症或沒有的人，必定會對自己很沒用這件事做頑強的抵抗，只是精神官能症患者的強度比一般人高出許多。

只要發現有人表現出過度敏感、煩躁不安、強烈的情感、個人的野心等等，就表示這些人相信自己正處於隨時會暴露出自己很沒用這個訊息的危險環境之中，我們也就不難理解為何他不願往前邁進。

那麼，人受到震驚時會產生什麼樣的精神狀態呢？當不是自己創造的、不希望它發生的事情發生後，人會在精神上會受到衝擊，並產生失敗的感受，或是害怕被別人知道自己沒價值。人受到震驚後確實有可能陷入這樣的精神狀態。（但是）不願面對問題的人不打算和這些精神狀態奮鬥，也不知道怎麼擺脫它的束縛。我想他一定也很希望這種震驚的感覺可以消失吧，希望把自己治好，從此不要再受到病症的折磨。因此他會去看醫生。但他不知道這些症狀的背後其實隱藏著一個他最害怕的東西，那就是，他被大家知道他很沒用。他害怕自己很沒用這個不為人知的秘密，會不會因此曝光？」（《追求生存的意義》）

人受到責難、受到震驚後，這種精神狀態會不會一直持續下去，因人而異。人在受到刺激時，對於經驗的感受都不相同，我們會把這個經驗往符合自己目的的方向做解讀，並賦予它意義。

我的兒子還在念小學的時候，看到電視正在播出一個畫面，一個和他差不多年齡的小男生，腳被游泳池的排水口吸住，差一點溺斃。這個小男生最後獲救了，但電視重現事故發生的影像實在太過逼真，特別是小男生溺水時露出痛苦的模樣，使得我兒子有一陣子不敢進浴缸泡澡。

後來，我兒子很快的就忘記電視畫面的事，但那些自認自己無法解決當前課題的人，會利用這類自己內心受到驚嚇的事件，作為迴避面對課題的理由。

對他人毫不關心，一心只想著自己的小孩，一聽到大人說外面的世界很恐怖，就會用它來作為他不想做某件事的藉口。「不能去學校或外面的社會，因為外面太恐怖了。可是待在家就不一樣了，爸爸媽媽會保護我，而且在家裡什麼都不用做，大家也會不斷地關注我。」……我們都不希望小孩子產生這種想法吧。

小孩說他不想去學校，但很明顯這件事和他看電視受到驚嚇一點因果關係也沒有。

這和人受到事件的衝擊，感到震驚的狀況也一樣。不只小孩，很多害怕死亡的人，會以害怕死亡為藉口，逃避面對人生的課題。阿德勒說：「當小孩子在毫無準備的情況下突然與死亡接觸，他會受到很大的震驚，這個影響會跟著他一輩子。」（《孩子的教育》）還沒做好面對死亡準備的小孩突然面臨死亡的事件時，這是他第一次得知原來人生有結束的時候這個事實。遇到這個狀況，有的小孩可能會失去勇氣，但也有可能像阿德勒一樣，為了面對死亡，選擇醫師這個職業。

關於家庭狀況、生病、死亡的記憶，阿德勒是這麼說的：

「幼年時期的經驗就像活生生的碑文一樣銘刻在小孩的心中。小孩無法輕易忘記這些事情。」（同前書）

但阿德勒說，只要小孩接受合作的訓練，就可以消除這樣的影響。

「只要讓小孩適當地接受合作的訓練，就可以避免這些困難或說是災難發生。」（同前書）

比精神官能症的痛苦還痛苦的事

另一個論點認為其實精神官能症患者並不希望獲得這些痛苦。但「這和著手解決課題（結果卻解決不了）時發現自己真的很沒用的痛苦相比，後者的痛苦更厲害，導致他寧願選擇現在的痛苦」。或者因為「會產生失敗的感受」、「害怕被別人知道自己沒價值」等理由，所以他寧願選擇現在的痛苦（《追求生存的意義》）。

現在我們知道，他們並不希望得到精神官能症，只是把它當作必要之惡，所以光是辨識出他們的症狀還不夠。精神官能症不只會產生痛苦，只要當事人不曉得維持症狀會導致自我毀滅，他的症狀就不會有痊癒的一天。前面也提過，「理解精神官能症患者最好的方法就是，先將所有的精神官能症症狀放在一旁，直接調查該患者的生活型態以及優越性目標就對了。」（《人為何會罹患精神官能症》）

我們不應該關注精神官能症本身，而是要找出患者過去的生活型態以及他的優越性目標。阿德勒舉出偏頭痛的人作為例子說明（《自卑與超越》）。患偏頭痛的人只會在必要的時候才會出現頭痛的症狀。比如說，要跟不認識的人見面、要做出重大決斷的時候。他的目的是藉此迴避人生重要的課題，或是藉著這個症狀控制家人。即使他的頭痛治好了，一定還會出現別的新的症狀，比如失眠。「只要他的目的沒有改變，他一定會持續追求同樣的目標。」（同前書）有些精神官能症患者會以驚人的速度擺脫目前的症狀，並毫不猶豫地患上另一種新的症狀。

光有良善的意圖還不夠

關於精神官能症，阿德勒還說：

「每個精神官能症患者都自稱自己有最良善的意圖。他們知道共同體感覺很重要，也知道人必須面對人生的課題。但卻允許自己可以成為這種普遍性要求的例外。會編這種藉口的人，就是得了精神官能症。精神官能症患者的態度，整體來說如下：『我也很想解決我所有的問題。但很不幸的，有很多原因阻止我這麼做』。」（《自卑與超越》）

「神經質的人以為，只要我表現出良善的意圖就夠了。但是光有良善的意圖並不足夠。我們必須教導他們，這個社會最重視的事情是你實際上落實了些什麼，實際上做出什麼貢獻。」（《阿德勒心理學講義》）

用可能性的說法，什麼話都可以說。前面我們說過，阿德勒認為「如果……的話」是精神官能症的內心小劇場的共同主題。又或者嘴上說「我知道……可是」，結果仍沒有著手去解決課題。精神官能症患者「知道共同體感覺很重要，也知道人必須面對人生的課題」。正因如此，他們才會說「我知道」，但之後他們為了讓自己與別人都能接受他不去面對問題的事實，他們會絞盡腦汁想出千言萬語為自己辯白。他認為「很多原因阻止他」無法解決自己的課題，事實上是他自己阻礙自己，但他卻沒發現這點。

精神官能症患者常說「如果……的話」。他假定某件事發生的話，他就可以成功解決問題，但既然是「如果」，就有可能不會發生。他透過假定某件事，希望把人生往前快轉。精神官能症的邏輯就是，「現在、此地」的我被阻止繼續活下去。但我們明明只有在「現在、此地」才能獲得幸福。關於這一點，我們會在第九章繼續討論。

世界觀與自我中心性

阿德勒認為廣場恐懼症，是因為患者為了不要走到戶外所創造出來的症狀。患者認為這個世界充滿危險，外頭都是敵人，所以不可以到外面去（《自卑與超越》）。他的目的其實是為了重現幼年時期的劇本，也就是小孩與母親聯手共同對抗這個世界，因為母親是唯一會保護他的同伴。既然現今的世界充滿危險，那麼他就有理由不走到外面，離開原來受保護的環境。

表現出症狀的另一個目的，就是讓保護自己的人繼續為自己服務。阿德勒舉了一個從小被溺愛的女性為例。她希望自己一直成為大家關注的焦點，因此當她生完小孩，一點都高興不起來，因為她害怕大家把關注的焦點從她身上轉移到小孩身上。

當她做完產後恢復時，她先生向公司請了一段長假，獨自前往巴黎。她先生在那裡遇到許多人，度過很快樂的時光，並把這些事情寫在信中寄給妻子。妻子害怕丈夫是不是不愛自己、忘記自己了，她認為自己再也無法像過去一樣，相信體貼的丈夫深愛著自己，認為幸福正慢慢的遠離自己。她十分沮喪，最後得了廣場恐懼症。她變得不敢一個人外出，她先生必須無時無刻陪在她身邊。

以這個例子來說，這名妻子透過這個症狀，成功地獲得丈夫的關注。她只要待在家裡，心中的不安感就會消失。因為在家裡，有丈夫會服侍自己。

關於這個症狀，阿德勒又說：

「想要痊癒，她有一個最後的障礙必須克服。那就是他（她）必須去除與不關注他（她）的人來往的恐懼。這個恐懼是從廣場恐懼症中產生的，這種深深的恐懼感會讓他（她）排除所有讓自己不能成為大家關注焦點的狀況。」（《人為何會罹患精神官能症》）

她並不是因為外面的世界很危險所以不出門，而是想要逃避外出之後沒有人會關注她的這個事實。

面向未來的原因論

壞事不一定會發生，但有人就是深信未來一定會發生壞事。比如說，實際上沒有人知道死亡究竟是怎麼一回事。既然如此為什麼有人會把死亡想成壞事呢？雖然這件事未來才會發生，但把它想成壞事，先不論他的理由和用意為何，一定是對他有好處他才會這麼想。如同把過去發生的事，視為現在狀態的原因這種思考方式一樣，他們把未來才會發生的事，視為現在以及未來狀態的原因，並藉此決定現在的狀態。

我把這種思考方式稱作「面向未來的原因論」。阿德勒說，有些小孩相信，自己絕對無法獲得幸福，只能不斷地感到失望。

「這些小孩在情感方面找不到容身之處，總認為別人比自己獲得更多的愛。又或者，由於他們幼年時期曾經歷了困難的體驗，害怕未來悲劇會再重演。他們相信這件事幾乎到了迷信的程度。」（《阿德勒心理學講義》）

抱持這種恐懼感的人，不難想像他的婚姻生活應該是充滿嫉妒與懷疑。一旦他產生這種想法，可以預見他遲早會不斷地找出對方對自己的愛逐漸減少的證據。他會不停地懷疑，即使是再小的事也不放過。他害怕別人獲得的愛比自己更多，這正是被溺愛的孩子的特徵。他曾經集父母的關注於一身，後來卻失去，這樣的經驗會決定他對現在以及未來人生的想法。當然實際上並非如此，以前面的例子來說，他認為愛情喪失的體驗不僅過去發生過，未來也可能發生，因此他覺得自己很不幸。透過這樣的想法使他可以說服自己是個不幸的人，又或者即使他現在過得很幸福，但藉由這樣的想法，他可以減輕將來失去時所受到的衝擊，其實這也是屬於目的論的想法。

作為再教育的心理諮商

因此，想要治療精神官能症，光是去除患者的症狀還不夠。精神官能症患者會把過去或未來的事情拿來作為症狀發生的原因。他必須透過原因論說明他的症狀，這樣他才能找到藉口解釋自己為什麼無法解決人生的課題，這是他的目的。這一點再次證明了，原因論確實被涵蓋在在目的論之中。

精神官能症患者的邏輯，前面也有提到，是事後邏輯。他們透過事後邏輯，分析症狀的原因，表面上看起來可以說明現狀，但實際上不過是把責任轉嫁給他人或過去的事件，對於擺脫精神官能症完全沒有幫助。因為，重要的不是過去如何，而是未來要怎麼做。

因此，正確的治療方向不應該是去除症狀，而是從改善生活型態做起。把優越性追求結合共同體感覺，並把自我中心的世界觀轉變成對他人的關心、社會性生活或有用的活動上面。前面提過，阿德勒認為預防勝於治療。比如說，在精神官能症發生之前，就要先做好預防，或者，在小孩長大成為犯罪者之前就先做好預防。怎麼做？要從育兒、教育下手。育兒、教育就是在培養共同體感覺。

為什麼阿德勒可以從事前邏輯的角度談論理想，或從心理諮商的角度，認為預防很重要？這一切都出自於他對人類擁有無窮的信賴感。換句話說，阿德勒相信人是可以改變的。

但是很多心理學都是站在決定論的立場，認為精神官能症的症狀以及問題行為的發生都有其背後的原因。既然過去的事件或外在現象是引起這些症狀的原因，除了去除原因之外，沒有其他的治療手法。但問題是，這不可能辦得到。假如原因在過去，誰能回到過去消滅原因呢？

相對的，目的在未來，而未來是可以改變的。應該說，只有未來可以改變。阿德勒認為精神官能症或問題行為並不是因為某種原因引發的，而是當事人在人際關係中設定了錯誤的目的。比方說，被溺愛的小孩，當他知道很多人無法認同他的價值，他就會想辦法透過不恰當的方式讓自己獲得關注。個性比較消極的人就會選擇精神官能症，個性比較積極的人，就會選擇問題行為。

因此，阿德勒提倡的心理諮商，和站在原因論立場的心理學，有著根本性的差異。阿德勒認為治療只能從理智方面下手，必須幫助患者洞察自己的錯誤，並加強他的共同體感覺才能成功。心理諮商的重心應該擺在讓當事人理解自己做的事情並非善（對自己沒好處），以及讓他了解與人相處的方式並非只有他過去理解的那樣，還有其他方式。除此之外，還要讓他知道不是所有事情都是由外在因素決定，人有自由意志，即使最開始是在無意識中學會了某種生活型態，我們還是可以透過心理諮商，幫助他重新意識到自己的生活型態，並洞察其中的錯誤，接著教他以共同體感覺作為規範，這樣一來，他一定可以擺脫原本的生活型態。具體來說要怎麼做，關於這一點，我會在下一章，也就是談到阿德勒對於教育的思想時說清楚。

擺脫精神官能症

吉哈認為這個世界原本很簡單，是人賦予它精神官能症性質的意義之後，世界才變得複雜（Manaster et al. eds., *Alfred Adler: As We Remember Him*）。只要改變生活型態，我們就可以擺脫精神官能症，活在簡單的世界中。

想要擺脫精神官能症性質的生活型態，只要逆轉它們擁有的共通特徵以及錯誤方向的優越性追求的要件即可。錯誤方向的優越性追求要件有三點，我們再複習一次：

1　控制他人

2　依賴他人

3　不想解決人生的課題

因此，正確方向也就是結合共同體感覺的優越性追求，應該是下面這樣：

1　不控制他人

2　不依賴他人（自立）

3　要解決人生的課題

沒有共同體感覺的人，會把自己與世界切割開來，把他人當作敵人。當然，他人既然是敵人，他就不會對他人做出貢獻。

健康的生活型態其實就是精神官能症性質的生活型態的相反。精神官能症性質的生活型態的特徵，如同前面所看到的：

1　認為我沒有能力

2　認為每個人都是我的敵人

因此，健康的生活型態應該是：

1　認為我有能力

2　認為每個人都是我的同伴

首先必須讓被溺愛的小孩，或用被溺愛的小孩的生活型態生存的人知道，這個世界並不是一個危險的地方。第二，讓他們知道這個世界雖然不是以他們為中心運轉，但這個世界之中一定有他們的容身之處。

想要改變熟悉已久的生活型態並非易事。但現在或未來並非由無法改變的過去決定，因此我們可以透過新的生活型態取代舊的，重新修正我們的人生。幫助他們做這樣的思考的過程就稱作「賦予勇氣」。

「在治療的任何一個階段，一定要保持賦予勇氣的方向。個體心理學堅信任何人可以做到任何事，賦予勇氣就是要在這份堅信下實行。」（《追求生存的意義》）

秉持原因論立場的人，絕對不相信任何人都可以做到任何事。但阿德勒心理學認為，無論是治療、育兒、教育，都應該從賦予勇氣開始，至賦予勇氣結束。具體上應該怎麼做呢？接下來，我想從阿德勒的教育觀點來思考這個問題。

第七章

阿德勒的教育論——人生的課題以及賦予勇氣

維也納的教育改革

奧匈帝國在第一次世界大戰中敗北後，奧地利變成一片廢墟，食物缺乏，傳染病流行，醫藥品不足，大部分的人都破產了。曾經作為強大帝國的首都、大放異彩的維也納，幾乎在一夜之間，變成和某個小國的都市沒什麼兩樣。荒廢的不只在經濟層面，連道德也跟著墮落，犯罪率攀升。

這時，社會民主黨掌握了維也納的實權。他們在一九一九年五月的選舉中大獲全勝。自此之後約十二年的時間，他們開始興建供勞工使用的公寓、設置免費診所、充實學校和社會性基礎建設等，展開一連串被稱為「紅色維也納」的革新市政。

特別是教育改革，社會民主黨花了很大的心力投注在這一塊。曾短暫擔任過教育部部長的歐德．格勒克爾（Otto Glöckel）在這個時候，擔任了維也納這個幾乎已成為自治國家的市政府教育廳長，將社會民主黨一連串的教育改革法制化。例如，免費發送教科書、設立學生專用的圖書館以及老師專用的圖書館，禁止體罰等。

格勒克爾透過維也納的教育改革，希望勞工階級的小孩都能獲得平等受教育的機會，他把實現這個理想的主要行政任務交給卡爾．福爾特繆勒（Carl Furtmüller），兩人共同完成了義務教育的改革。福爾特繆勒是阿德勒多年的好友，曾和阿德勒一起加入佛洛伊德的維也納精神分析學會。他離開學會後成為一名社會主義的教育家。

作為這次改革的一環，阿德勒在一九一九年到一九二〇年設置兒童諮商機構，讓在學校得和各種學生接觸的教師有一個尋求建議的管道。阿德勒會根據教師提出的案例提出問題，統整之後，在教師面前，實際為個案的小孩和父母做心理諮商。

不久，阿德勒這項免費的心理諮商服務引起許多父母的廣泛關注。於是，一個禮拜一次到兩次，由精通個體心理學的精神科醫生、心理學家率團組成的治療團隊，開始利用學校的空教室，與小孩和父母面談。這個團隊並沒有從維也納市的教育委員會獲得任何報酬。面談的形式有很多種，可能是父母或小孩先接受面談，總之父母和小孩都能免費獲得協助。

致力於維也納的教育改革的福爾特繆勒，認為應該訓練教師學習新的授課方法，不要強迫小孩讀書。但保守的維也納大學理事們拒絕所有與這項提議相關的措施。他們主張，奧地利的年輕人不需要曾在大學接受授課訓練的老師。

於是，維也納市為了阿德勒以及認同阿德勒理念的改革者的教育改革，獨自設立了一所教育研究所。支持阿德勒的教師在阿德勒不知情的情況下，進入了維也納的教育委員會，希望可以透過職權雇用阿德勒。一九二四年，阿德勒被錄用，成為該研究所的治療教育部門教授。

阿德勒上課的方式，是一邊朗讀聽講者也就是教師們提出的案例報告，一邊做出推測與解釋。阿德勒在教育研究所開的這門課，從一九二四年到一九二七年之間，共有六百多位維也納教師參加，這段期間他從未停課。教育研究所因此大獲成功，直到一九二七年為止，維也納市只聘雇從教育研究所畢業的教師。

阿德勒在教育研究所的授課風格，早在一九二〇年開始，在成人教育中心 Volksheim（國民集會所）上課時就確立。他上課的風格非常友善，不使用專有名詞。

不使用專有名詞同時也是阿德勒創建的個體心理學的特徵之一。阿德勒曾經非常希望能夠在維也納大學教書，但這個願望一直無法實現。或許如此，阿德勒對於維也納大學醫學院內的知識菁英主義，總是抱持批判的態度。在學院之外活動的阿德勒把診所設在庶民生活區，而非高級住宅區。來找他看病的人通常都是窮人，有時阿德勒甚至不收取醫療費用。對阿德勒來說，在成人教育中心開的課程非常刺激有趣，他把自己所有的熱情與精力都投注在這裡。

前進美國

後來，個體心理學終於跨出奧地利，受到國際的認同。阿德勒一開始的活動範圍僅在歐洲各國，後來跨海到美國演講、上課。漸漸地，他待在美國的時間變多了。一九二七年他在紐約的新學院（The New School）教課，一九三二年他成為長島醫學院（Long Island Medical College）的教授。一開始他一年只在維也納待兩個月，其餘時間都在美國活動，自從希特勒的納粹掌握政權後，他就不再回去奧地利，決定在美國定居。這一年是一九三四年。

阿德勒第一次來到紐約市是一九二六年，他五十六歲的時候。從倫敦出發的那晚，阿德勒做了一個夢：

「我照預定的時間上船了，但船突然間翻覆、沉沒。阿德勒平時身邊用的東西全都在船上，但所有東西都被浪濤破壞殆盡。」（霍夫曼《阿德勒的生涯》）

阿德勒在美國必須說英文。為了學會英文，付出的努力非比尋常。在維也納以善於辯論聞名的阿德勒，在這裡不能說德文。當他想到自己只能帶著濃厚口音說話時，心情或許會有些沮喪。但就我看到阿德勒用英文演講的影片而言，他的英文充滿張力，雖然帶著很重的維也納口音，但整體來說相當流暢。

霍夫曼在書中寫道，阿德勒在第一次出發前往美國的那晚，「很罕見地體驗到自信心喪失以及內心不安的感覺。」（同前書）

阿德勒那晚做的夢還沒結束。「我被捲入海中，拚命瘋狂地在驚滔駭浪中划水。最後我憑著意志和決斷力，安全地回到陸地上了。」（同前書）

阿德勒這晚做的夢，顯現了他即將前往美國這個新天地展開他全新的人生時所表現出來的態度。阿德勒在美國每天都去上英文課，直到有自信上台用英文演說為止。他六十歲才開始學開車。學英文、學開車都不是那麼容易的事，但阿德勒認為：「雖然我英文說得很不好，但若用這個理由閃躲用英文演講這個課題，那就和精神官能症患者找藉口迴避人生課題的態度沒有兩樣。」（Furtmüller, "Alfred Adler: A Biographical Essay"）我們可以說阿德勒這種面對困難的勇氣，正好表現在他那晚做的夢：拚命瘋狂地在驚滔駭浪中划水，最後安全地回到陸地上。透過做這個夢，他成功地克服內心的不安。

阿德勒提出的關於精神官能症的理論非常具獨創性，但他不僅止於提倡理論，如同剛才提到的，阿德勒還實踐了自己說過的話，這一點是我最想強調的。精神官能症患者在面臨課題時，會找各種藉口試圖逃避。但阿德勒並沒有這麼做。

阿德勒年老時才學英文這個小故事，正好顯示了阿德勒的基本思考方式，也就是他怎麼看待他人。阿德勒對美國人抱持信任感。他相信美國人不會因為自己英文不好，就不來聽他演講。的確，或許有人會用英文不好為理由，嘲笑、批判阿德勒。但是這樣的人背後真正的目的只是想批判，因此他永遠都找得到理由批判，英文好不好不是重點。

阿德勒在美國的演講獲得前所未有的好評。和討厭美國、在知識上處於超然立場的佛洛伊德不同，阿德勒很喜歡到處解說自己的理論，不限對象，而且樂在其中。一九二七年，他的《Menschenkenntnis》這本書被翻譯成英文在美國出版，標題翻作《Understanding Human Nature》（台譯《阿德勒談人性》，遠流出版），成為暢銷書。這是在英語圈，阿德勒第一本獲得好評的書。阿德勒把活動的據點從維也納轉移到美國之後，一九二八年冬天，當他抵達紐約時，這本去年秋天出版的英譯本，很快就達到二刷，成為銷售超過百萬本的暢銷書。

但是從今天眼光來看，這本書絕非一般的入門書。霍夫曼認為這本書能夠大受好評，光靠出版社巧妙積極的行銷還不能達到這樣的成績，主要是因為阿德勒可以「正確地判讀出美國人的傾向」（霍夫曼《阿德勒的生涯》）。首先，讀者立刻就察覺他完全不使用專有名詞。這本書是根據阿德勒在維也納的成人教育中心上課的內容編寫而成。但是，光是書寫風格平易近人還不夠，更重要的是大家能接受他書中所講的思想內容，否則不可能在美國大獲成功。許多書評家對這本書的獨創性和清晰性感到印象深刻。阿

阿德勒的父母謊報年齡，讓實際只有九歲的阿德勒進入就讀。

但是阿德勒在學校的成績很差，第一年就留級。特別是數學他覺得太難了。可能是因為父母給他太大的壓力，同學間競爭意識很強，他又比別人小一歲的緣故，阿德勒覺得自己很難適應這間學校。父親利奧波德對成績總是不理想的阿德勒大發雷霆，威脅他不要念書了，去當製鞋工匠的學徒。不知道是不是這個威脅太過可怕，之後阿德勒開始拚命地念書，結果他的成績立刻提升，連最棘手的數學也被他克服了。

有一次，老師在解一個很難的題目時解不出來，呆立在講台上。那時，全班只有阿德勒知道答案。從此之後，阿德勒對數學的態度產生一百八十度的轉變，他開始享受學數學的樂趣，並透過各種機會努力提升自己的數學能力。

大概是這次經驗的影響，使得阿德勒不相信才華或遺傳的影響力，反而用自己作為例子說明，證明小孩可以消除自己給自己設定的局限（《自卑與超越》）。

當然，想要達成目標、解決課題，努力是必要的，只要不是異想天開的事情，最終都可以實現。阿德勒引用羅馬詩人維吉爾的話：「他們之所以做得到，就因為他們認為自己能夠做到。」（《孩子的教育》）這不是心靈主義。阿德勒提醒我們，時常臆測自己做不到，久了之後就會變成一輩子的僵固觀念。這樣的臆測必須根除。阿德勒說的「任何人都可以做到任何事」這句話，必須從上述的脈絡中去理解它（《阿德勒心理學講義》）。

教育最大的問題就是小孩認為自己有局限。小孩會拿遺傳或才華作為理由，甚至連用心做就做得到的事情，也會用這個藉口逃避，這才是最大的問題。實際上，假如小孩和大人都關心這個問題，一定會努力去了解問題出在哪裡。

前面說過，阿德勒被父親威脅去當製鞋工匠的學徒時，由於太害怕而開始努力用功，結果成績很快就提升了。這個趣聞對照反對強制性教育的阿德勒教育論，感覺不是真的故事。但假如它是事實，那麼他的父親就成了負面教材。

阿德勒在一八八一年轉學到黑爾納爾斯文理中學（Hernalser Gymnasium）。他在這裡唸到十八歲，取得大學的入學資格。這間學校單調、嚴格的教育也可以算是阿德勒的負面教材之一。這間學校的課程全都規格化，老師永遠都是單方面授課，甚至連文理中學最高年級、也就是十八歲的學生，都被當成小孩子看待。

「許多畢業生在藝術或科學上頗有成就，與其說這是學校教育的功勞，倒不如說，他們在這樣的學校中受教育，居然還可以達成這樣的成就。」（霍夫曼《阿德勒的生涯》）

於是，後來阿德勒對於那些只會教學生將知識囫圇吞棗的學校提出批判（《性格的心理學》）。但是阿德勒的古典素養都是在文理中學培養出來，因此不禁讓人懷疑，他這樣一味地給予其否定評價是否妥當。

進入大學之後，阿德勒對學校教育依然沒有好感，如前述，他認為醫學院的課程大多重視實驗或診斷的正確性，比較不重視對患者的關心或治療方式，因此他覺得上這些課非常無聊。即使如此，認為拯救人類最好的手段就是成為醫師的阿德勒，雖然不滿意醫學院的課程，但他已經下定決心要達成目標，為了不喪失這份熱情，他常常跑到附近的咖啡館和友人聊天。阿德勒開始有人與人是對等的這個想法，大概就是在咖啡館與同伴無止境的討論中萌芽的。

在美國的小孩，和阿德勒在維也納的體驗完全不同，老師不能用他是老師這個理由就要他人尊敬他。有人會認為這是老師的權威喪失，教育墮落的現象。但阿德勒不這麼想，他在一九二〇年代就這麼說：

「想要和他人相處愉快，必須以對等的人格互相對待。」（《人為何會罹患精神官能症》）

阿德勒來到美國之前，就已經認為人與人之間應該是對等的關係。如果我們可以與小孩保持平等的關係，尊敬對方、百分之百相信對方，就沒有必要逼著小孩念書了。阿德勒從未處罰小孩，這點他的小孩亞歷珊卓拉和科特都曾作證（霍夫曼《阿德勒的生涯》）。

阿德勒希望透過教育改變世界，他的目標是把人與人應平等對待的看法散播出去。從那以後，時至今日，這樣的看法不管在育兒、治療方面，都是阿德勒心理學的基本觀念。

以下，我要開始介紹本章的主題也就是阿德勒對教育的想法，我特別會著重在賦予勇氣的部分。

是誰的課題

小孩子長大之後，必須面對人生各種問題，無法迴避。賦予勇氣就是幫助小孩提高自信心，相信自己可以解決人生的課題。人生的課題與人際關係息息相關，只要認為他人是敵人，與人的關係就不可能變好。想要擁有解決人生課題的自信，前提就是把他人當作同伴而非敵人。

有一件事情要先釐清。小孩子面對課題該怎麼處理，這原本應該是小孩要傷腦筋的事，而不是父母。比如說某個課題，小孩不想念書，那麼小孩就要承受不念書的後果。後續引發的責任問題，也必須由小孩扛起。因此，要不要念書是小孩的課題不是父母的課題。大抵所有人際關係的糾紛，都來自於自己插手管別人的課題，或是別人插手管自己的課題。不只是親子關係，所有的人際關係都是這樣。小孩知道自己該念書卻沒念書，但卻被父母指出這個事實，然後被要求要好好念書。正因為父母說的是正確的，所以小孩更忍不住想反抗。

因此，最簡單的方法，只要是小孩的課題，父母什麼都不要做。但身為父母看到小孩苦惱，手足無措時，一定會想提供援助。有些時候小孩確實需要父母的幫助，特別是當小孩還小的時候，很多事需要父母幫忙。這時父母提供的援助若十分恰當的話，不管結果成不成功，小孩會知道這個課題應該是自己要處理，不能把任務轉移到父母身上。念書這件事，父母無法代替小孩去考試，更別提小孩的人生，父母無法代替小孩過他們的人生。幫助小孩提升自信，讓他勇於靠自己的力量解決自己的問題，阿德勒把這樣的行為稱作「賦予勇氣」。在有必要的時候，小孩尋求援助確實很重要，但父母最多只能做到幫助小孩靠自己的力量處理自己的課題。但很多父母不知道應該這麼做，反而以賦予小孩勇氣作為冠冕堂皇的理由，對小孩進行操控與支配。

比較好的做法是，父母先建立正確的觀念，然後再具體地思考自己可以幫助小孩什麼，怎麼幫怎麼做才是賦予小孩勇氣，要怎麼樣教育小孩等。

不處理課題的決心

阿德勒說：

「我只有在覺得自己有價值的時候才會鼓起勇氣。」（*Adler Speaks*）

當小孩迴避人生的課題，與其說是課題本身很困難，不如說是因為他認為自己沒有價值。當然，小孩所面對的課題當中，一定有很困難的課題，甚至有時候會遇到他根本解決不了的課題。但是，任何人都會遇到困難的課題，這時候與其認為自己解決不了，不如說是他覺得自己沒有價值，所以面對課題時無法提起勇氣。

更進一步地說，小孩若覺得自己沒有價值，是因為他們必須這麼想。事實上，只要不是太過異想天開的事情，解決課題、達成目標當然要付出很多努力，但只要努力，沒有解決不了的事情。

其次，小孩遇到課題卻不去解決的原因，不是因為該問題完全沒有解決的可能，而是因為他害怕無法達到自己想要的目標。自己想要的目標，比如說在考試中取得好成績。取得好成績這個目標本身並沒有問題。但是假如他是為了贏過別人，或是因為自己在讀書以外的方面贏不過別人，為了隱藏自己的自卑感，所以才想要取得好成績的話，當他知道很可能無法達到自己期待的成果時，他會乾脆在一開始就放棄，不去考試。他不允許自己努力地去處理課題，結果換來的卻是失敗。他想要保留「只要我想做就做得到」的可能性，比起失敗，他寧願不去處理問題，即使他會因此遭受責難。

當遇到上面的狀況，小孩就會找許多藉口，比如說「提不起勁」就可以當成不願處理課題的免死金牌。因為光是說「不願意」去解決某個課題，無法說服別人，一定要找個理由才行。雖然「提不起勁」這個理由不一定會被他人所接受，但至少可以說服自己，這樣就夠了。他為了把自己不想處理課題的行為做正當化的解釋，所以欺騙自己，但他沒察覺、也不想察覺這件事。對於一次都沒考過好成績的小孩來說，應該會直接選擇逃避，對那些意外取得好成績的小孩來說，只要他沒有自信可以再次取得好成績，同樣會選擇逃避課題。

幫助小孩找到自己的價值

考慮到上述的問題，接下來我想談我們如何幫助小孩找到自己的價值。若小孩沒辦法找到自己的價值，他就不願意去解決問題。就這層意義來看，賦予勇氣的作法不是給予小孩解決課題的能力（阿德勒曾說：「任何人都可以做到任何事」），而是要幫助小孩子找到自己的價值，但透過傳統的教育方法無法提供小孩這樣的援助。

我們在面對下定決心表現出提不起勁的樣子的小孩時，一定要非常慎重。許多父母或老師看到小孩不念書時，都想做些什麼改變他，但接觸的方式很重要，一弄不好，事情會比什麼都不做還惡化。任何一種類型的小孩，當他認為自己無法解決課題時，他的勇氣就會潰敗。我們希望可以幫助這樣的小孩面對課題。記得，是幫助小孩自己去解決課題，而不是父母教小孩應怎麼解決課題。

關於責罵

今天，仍有不少人公開宣稱，責罵對小孩的教育有幫助。很多人認為，該罵的時候就要罵。我想大概有更多人認為，每天的生活中要完全不罵小孩，實在是不可能的事。但是責罵沒辦法讓小孩認同自己有價值，也沒辦法幫助小孩面對課題。

有些小孩認為解決課題一點也不重要。這些小孩只要聽到父母下達指令要他去解決某個課題，他二話不說就是拒絕。

這樣的情形特別容易發生在父母責罵小孩的時候。挨罵之後，有的小孩會因為害怕，不敢面對課題，有的小孩則是直接反抗。因為小孩知道父母親講的是正確的，是有道理的。比如說，父母叫小孩要早點寫作業，否則時間拖晚了會想睡。小孩聽到父母這麼說時會心想，這麼簡單的道理還用得著你說，於是就更生氣了。當小孩一這麼想，他可能就會放棄處理課題了。責罵並無法翻轉小孩不想處理課題的決心。即使小孩因為大人的責罵，表面上願意去處理問題，只要他不是出於自發性，很容易又故態復萌。

大概沒有人在責罵的時候不帶憤怒的情緒吧。阿德勒說，憤怒會疏遠人與人之間的距離（《性格的心理學》）。想要幫助小孩，就不能和他離得太遠。我們最容易犯的錯誤就是透過責罵，一開始就弄壞我們與小孩之間的關係。我們總是在和小孩的距離變遙遠之後，才開始想要幫助小孩，這是不可能的。關係越遠，越難幫助到小孩。站在小孩的立場來看，他不可能把罵他的人當作同伴。在這個情況下會發生什麼問題，我們後面馬上會看到。

為什麼無法幫助小孩，因為挨罵的小孩不會因為挨罵而學到任何事。雖說父母是出自於好意，希望透過責罵改善小孩的行為，但事實上，責罵卻無法達成這個目的。

我的小孩在兩歲的時候一邊走路一邊喝牛奶。後來正如我所料，他把牛奶灑出來了。這時，大部分的父母都會責罵小孩（而且是在牛奶灑出來之前）。但我們希望小孩學到的是，失敗時要怎麼負起責任，以及讓他思考為了避免下次重蹈覆轍應該怎麼做。

重點並不是在道歉。小孩失敗的時候，父母若感到害怕，小孩子下次也會對失敗感到害怕。如此一來，小孩會因為害怕失敗，變得不敢面對課題，久而久之就認為自己沒有能力。一旦小孩覺得自己什麼事都辦不到，這個觀念就會變得根深蒂固。

小孩的態度一旦變得消極，就不會積極主動地做事情，這時緊接而來的問題就是，他失去對別人做出貢獻的動力，滿腦子只考慮自己的事。他想的不是如何對別人做出貢獻，而是在意別人用什麼眼光看他。比如說在電車中，他看到老年人想起身讓座，但擔心被回應自己年紀還小，不需要讓座，不喜歡被人這麼說的他，就在猶豫不決時錯過了讓座的時機。

責罵的弊害不僅出現在被責罵的小孩身上，它甚至會造成社會問題。前面提到，阿德勒在五歲時一個人被留在溜冰場中，後來得了肺炎。在日本也發生過類似的事件，小孩和朋友一起去河邊玩，結果朋友掉進河水中溺水，這個小孩卻丟下溺水的朋友自己回家，朋友後來被人發現時，已經死亡了。問他為什麼不立刻通報大人，他說因為怕被父母知道會挨罵。遇到這種情況，即使會被父母罵，也應該要立刻通報才對，但是害怕挨罵的小孩，只會考慮到自己。

看看我們的企業與公務機關的體質，很多人明知道這麼做早晚有一天會被發現，仍心存僥倖，找到機會就隱瞞自己的違法行為，我認為這應該也是責罵教育造成的影響。

就像害怕被父母責罵，想逃避責任，隱瞞失敗的小孩一樣，大人也是害怕對自己所屬的團體產生不利，所以隱瞞失敗和違法行為。被發覺之後，他們開記者會對大眾低頭賠罪的痛苦表情，看起來都一個模樣。這種「如果沒被抓包就好了」的意識，應該是從小在挨罵的環境中長大的人，慢慢在心中培養起來的吧。

被父母罵還有一個作用，那就是小孩會受到關注。只要不是小嬰孩，小孩都知道自己這麼做會惹父母生氣。即使如此他仍這麼做，是因為他即使挨罵，也想獲得父母的關注。因此，問題不在於罵小孩罵得很兇，小孩怎麼還改不掉問題行為？而是正因為你不斷地罵小孩，小孩才改不掉問題行為。

責罵人，意味著你沒有平等地看待對方。假如你平等地看待對方，應該就罵不下去了。即使你真的很想改變對方的行為，也要平等地看待對方，一來，你就會認為不需要用責罵的方式，二來，你也罵不下去。我們只有在把對方看作比我們低一等時，才會罵對方。當我們在人際關係中被認為比對方低一等時，我想沒有人開心得起來。

那麼，不要責罵，用稱讚的就不會有問題了，是嗎？也不是。被稱讚的小孩和被挨罵的小孩一樣，都不是自發性地採取行動。若某個小孩是為了獲得稱讚而去處理課題，就代表沒有人稱讚他時，他就什麼也不會做。我們希望教育出來的小孩是即使沒有人看見，他也會依照自己的判斷行動。

稱讚的問題

稱讚和賦予勇氣最大的不同，在於稱讚是以由上對下這樣的關係為前提所做的給予。小孩被大人稱讚，其實一點也不高興。某個和父母一同前來的三歲小女孩，在父母做心理諮商的這段期間，她都乖乖地在一旁坐著，這時父母可能會稱讚她：「妳好棒喔。」但換個場景，若妻子陪著丈夫前來做心理諮商，在諮商結束時，在一旁等待的妻子被丈夫誇獎說：「妳好棒喔。」妻子一定高興不起來，反而還會有一種被瞧不起的感覺。小孩也是一樣。有些人會認為，才不是，小孩一定很高興。會有這種想法的人，就是沒有把小孩當作大人一樣平等對待。這些人認為奉承小孩是應該的，絲毫沒有顧忌。當然，這種被奉承才會行動的小孩，是不可能自發性地採取行動。

稱讚小孩，小孩或許會把父母當作同伴，但若是習慣性地一直被稱讚，最後他會認為自己沒有能力解決課題。稱讚這件事有一個前提，那就是認為某件事對方應該做不到。大人原本認為小孩應該做不到某件事，結果小孩卻意外地做到了，這時即使父母稱讚他：「你好棒喔。」小孩一點也不會覺得高興。

賦予勇氣與自己的價值

那麼，應該怎麼做才好？不是責罵，也不是稱讚，阿德勒提倡教育小孩的方式是「賦予勇氣」。小孩不願解決課題，與其說是課題太過困難，不如說問題是出在小孩對自己的評價。假如小孩對自己的評價是恰當的，那麼即使他最後沒有成功解決問題，也不至於一開始就放棄。阿德勒說，小孩不願解決課題，是因為認為自己沒有價值（*Adler Speaks*）。小孩的課題不可能由大人代勞，但大人可以從旁協助。在協助的時候，要想辦法讓小孩認為自己有價值。

那麼，小孩在什麼時候會覺得自己有價值呢？以及，大人要怎麼和小孩說話，才會讓小孩認為自己有價值呢？為什麼讓小孩覺得自己有價值很重要呢？因為他以後還是他，他只能靠自己。若是其他自己不喜歡的東西的話，花錢再重買一個就好了，但這個「我」沒辦法替換成別人。即使我已經染上某些習性，未來一直到死為止，自己都必須和這個「我」相處。只要這個事實沒有辦法改變，認為自己沒價值的人就永遠無法獲得幸福。

不受他人的評價左右

有些小孩很在意別人對自己的評價。別人說他好，他就高興，說他不好，他就難過、憤慨。這其實很沒道理。人的價值並不依存於他人的評價。人不會因為別人說他是壞人，他才變成壞人，或因為別人說他是好人，他才變成好人。在意他人評價就意味著這個人對自己抱持著想像，會去配合別人對他的期待。

因此，賦予勇氣的目標就是幫助小孩不受他人的評價左右。已經被賦予勇氣的小孩就不會受到他人評價左右，也不會特意表現出比實際上更好的樣子。能做到這一步，小孩就會產生很大的改變。但是，我們還是要談到具體來說該怎麼改變，否則容易流於空談。

把短處看成長處

人不可能突然改變。想要認同自己的價值，必須要把自己的短處看作是長處。那些已經被賦予勇氣的小孩，就有辦法用和過去完全不同的觀點看待自己。比如說，把「陰沉」看作是「體貼」。自己要這麼看自己很困難，但大人可以教小孩用不同的角度看自己。

這就是去改變賦予自己的意義。當然，改變賦予的意義也有可能是把好的看作不好的。比如說，把原本認為的長處看作是短處。其實只要抱持善意，任何事情都可以看作是好事，如果失去了善意，原本被認為是一板一眼、一絲不苟的人，也會被看成是吹毛求疵，囉嗦麻煩的人。

對於自己的看法也是，有些人一開始就決定不喜歡自己。他這麼做是有目的的。因為他認為這麼做就不需要積極地和他人建立關係。他並非找很多理由說明他為什麼不喜歡某個人，而是下定決心放棄喜歡別人。因為有這個決心，所以他找出對方的短處，用它作為能遠離對方的理由。相反地，想要把自己的短處看作是長處，認同自己的價值，我們必須下定決心積極地與他人建立關係。

自己的價值可以透過貢獻感獲得

想要下定決心讓自己喜歡自己，必須清楚地理解與他人建立關係對自己來說是有用處的。人無法孤立生存，必須和他人保持關係。而且這種關係不是敵對的，而是像阿德勒創造共同體感覺這個字的原文（Mitmenschlichkeit）說得一樣，人和人是互相連結（mit）在一起。

阿德勒說完「我只有在覺得自己有價值的時候才會鼓起勇氣」這句話後，後面接著說：「會讓我覺得自己有價值的只有一種情況，那就是我的行動是對共同體有益的時候。」（*Adler Speaks*）

想要讓自己喜歡自己，無論是不在意別人對自己的評價，或是把短處看作是長處，都是必要的作法。除此之外，還有一個更積極的方法。通常我們喜歡自己的時候，絕對不會是在一旁袖手旁觀的時候，而是明確地知道自己對誰有幫助，也就是內心產生貢獻感的時候。

做對共同體有益的事、對共同體做出貢獻的時候，我們會覺得自己對別人有幫助，自然而然就覺得自己的存在有價值。阿德勒心理學鼓勵賦予別人勇氣，而不是稱讚別人，比如說對別人說「謝謝」，用意就是希望讓對方覺得自己幫助到他人了，藉此讓他覺得自己是有價值的。

從小在習慣於被稱讚的環境中長大的小孩，若不能幫助他覺察什麼行動是應該做的（在意他人的評價），他會毫不猶豫地放棄那些行動，並認為不稱讚自己的都是敵人。這樣的人和那些擁有貢獻感，即使沒有獲得他人讚賞，但內心依然覺得富足的人，形成強烈的對比。

如上述，想要覺得自己有價值，就必須讓自己感覺對他人做出了貢獻。想要讓自己覺得幫助到他人，就必須把他人當作是「同伴」，這個用詞我們已再三強調。把他人當作同伴之後，我們自然而然就會覺得不能一味地接受別人的幫忙，我們也應該付出，也就是做出貢獻。但是，我們不可能一邊責罵對方，一邊又把對方看做是同伴。又或者，有人喜歡得到別人的稱讚，但假設被稱讚的事情是他原本就做得到的事，這時，他仍無法把稱讚他的人看作是同伴。因為光是一味地獲得別人稱讚，並不會讓自己覺得自己有價值。

以前面的例子來說，小孩在父母做心理諮商時乖乖在一旁等待，父母不應該稱讚他「好棒喔」，而是應該要說「謝謝」。這麼做的目的是為了幫助小孩讓他覺得自己的等待產生了貢獻，而不是為了讓他在下次做出同樣恰當的行為。幫助小孩擁有貢獻感，是為了讓他感覺自己有價值。知道自己怎麼做可以提供貢獻，這樣的小孩會覺得自己很有價值，自然而然地他會開始喜歡自己。這樣的小孩，才會勇於解決自己的課題。

這樣的小孩從不會向他人表現出自己很優秀的樣子，也不會在意自己有沒有獲得他人的稱讚，不會去追求他人的認同。獲得他人認同會讓人覺得很高興沒錯，但若小孩追求這樣的目標，並對此有所期待時，那麼即使他做的是對他人有貢獻的事，效果仍然和受到稱讚沒有兩樣。假設小孩是為了展現自己很優秀、希望獲得稱讚和認同而去做某個行動，那麼當他沒辦法達到這個目的時，他就會選擇不去解決課題。

若是單純地只想對他人做出貢獻，不管別人怎麼評價自己，都不會受到影響。解決課題也是，即使小孩最後沒有成功地解決問題，總比連做都不想做的狀況要好得多。能夠有這種想法的小孩，他關心的永遠不是自己，而是他人。假設對他人的貢獻就是他行動的目的，他一開始就不會有不採取行動這個選項。當然，也不會有提不起勁這個理由。會提不起勁去解決問題的小孩，都是腦中只想著自己的小孩。賦予小孩勇氣第一步要做的，就是幫助小孩把對自己的關心轉向對他人。責罵或稱讚這些方法雖然看起來有即效性，但對小孩的影響，從結果來看都是在繞遠路而已。

不求回報地幫助他人

有些小孩認為別人幫助自己是應該的，他只關心別人有沒有為自己做些什麼（包括有沒有稱讚自己）。這樣的小孩認為自己是世界的中心，世界是繞著自己而轉。的確，人無法離開他人生存，我們希望自己是屬於這個世界的一份子，並在其中找到自己的容身之處，這是人的基本需求。但是這並不意味著：自己是這個世界的「中心」。我們是待在這個世界「中」沒錯，但不是「中心」。

認為自己是世界的中心的人會認為，我活著不是為了滿足他人的期待。這個主張是正確的。但是，假如他這麼主張，那麼當別人提出同樣的主張時，他也必須承認。也就是說，既然你不是為了滿足別人的期待而活在這個世界上，那麼別人也不是為了滿足你的期待而活在這個世界上。

我舉一個自身的經驗。我曾因為心肌梗塞昏倒，接受冠狀動脈繞道手術。某天，在術後傷口尚未完全恢復時，我必須搭電車到某個地方。外面的人並不知道我動過手術才剛出院沒多久，當然，也就沒人讓座給我。即使我臉色蒼白，感覺快要昏倒，我也沒有理由對別人不讓座給我這件事生氣。當然，假使我真的昏倒了，大多數的狀況下，一定會有人來幫助我，但是這樣的幫助只能說是他人的好意，而非他人的義務。自己沒開口，別人不可能知道你需要什麼。因此，當我們開口時，不應該用命令的語氣，而是要用拜託的語氣。

相對的，當我們自己幫助別人時，聽到別人對我們說「謝謝」確實很開心，所以我們也會想對別人說謝謝，但不是每個人都會對我們說謝謝。這時候，即使別人沒有注意到我們做的事，我們也不應該感到不滿。習慣在被稱讚的環境中長大的人，這時候就會要求別人必須以某種方式回報自己，因而引發各種問題。幫助別人，不應存有期待回報的心。

想要達到這個境界，第一步要做的就是前面提到的，把他人看作是同伴而不是敵人。很多人即使可以喜歡自己，卻沒辦法把別人看作是同伴。尤其是在被責罵的環境中長大的小孩，很難把他人看作是同伴。老是挨罵、害怕失敗的小孩，慢慢地會失去積極主動做事的動力。當然，更別說要對他人做出貢獻。

但是，這並非無解的難題，只要他遇到一個把自己當作同伴的人，哪怕只有一個，當他知道這個世界有自己的同伴，他一定會改變。他不再只關心自己，也會關心其他人，並且想幫助他們。因為他知道，只有自己並不完整，別人也承擔了一部分的自己存在著。

正因為有這樣想法，被賦予勇氣的小孩才會主動幫助別人，並在遇到靠自己的力量無法解決的事情時，能夠毫不愧疚地接受他人的幫助。被溺愛的小孩或許很難想像，確實有些小孩完全無法信賴他人，什麼事情都由自己一肩扛下，直到自己走投無路為止。

遇到對峙的狀況，仍把對方當同伴

接下來我想引用阿德勒在他的著作中描述他與某位患者的關係作為例子。某位患有思覺失調症、曾被醫師宣告不可能治癒的患者，完全失去活下去的勇氣，但他在和阿德勒談話之後，又重新找回勇氣（《追求生存的意義》）。這名患者一開始覺得，阿德勒也會和之前的醫師一樣拒絕治療他吧。因為他從小就不斷地經歷不被他人接受的經驗，使得他認為自己未來的人生也會不斷遭到他人拒絕。事實上，他確實重複經歷被拒絕的經驗。他對阿德勒說明，這是自己的「命運」。然後，他在阿德勒的面前沉默了三個月。這段時間阿德勒用什麼態度面對他，阿德勒隻字未提，我們只能想像。或許阿德勒陪著他一起沉默，或許阿德勒不問他問題，只是自己一個人不斷說話。

阿德勒說，他知道這名患者的沉默是「反抗性傾向」的表徵。就在某天，那名患者突然開始毆打阿德勒。阿德勒下定決心，絕不抵抗。那個人在毆打阿德勒時，手敲到玻璃窗受傷流血了。阿德勒替他受傷流血的手包紮。這時，接受阿德勒包紮的他，腦中在想什麼呢？也許，他原本想揍人時的激動情緒冷靜下來了，也許因為他看到自己的手在流血，情緒不再激動，冷靜下來了。又或者，更多的是訝異與困惑吧，自己明明毆打了阿德勒，但阿德勒卻完全不抵抗。阿德勒對那名男性說：

「怎麼樣，你覺得為了要治好你，我們兩個應該怎麼做比較好？」

那名男性回答：

「很簡單。我曾經完全喪失了活下去的勇氣。但是和你說話的過程中，我又找回勇氣了。」

這是他經過三個月的沉默後首次的發言。這段時間，他完全沒有說一句話，但他最後找出接下來該怎麼做的答案。原來只要擁有活下去的勇氣就可以了。阿德勒在書中緊接著寫道：

「了解到勇氣是共同體感覺的一個面向，此種個體心理學真理的人，應該可以理解這位男性的變化吧。」

這名男子可能心想，阿德勒和過去他所有遇到的人都不一樣。以前，他認為所有人都會拒絕他，但阿德勒並沒有這麼做。當他經歷了不被人拒絕，反而被人接受的經驗時，一定會從中受到某種影響。當然，他也可能會想著這種事只是碰巧遇到，屬於例外，接著又不斷做出確認自己應該會被拒絕的行動。

就像父母某天突然不罵小孩了，小孩一定會覺得事有蹊蹺，猜想背後一定有什麼原因。於是，他會故意做出一些讓父母絕對會生氣的事，這時若父母又流於情緒性的責罵，他就會想，果然嘛，他們根本沒改變啊。

但是，若能像阿德勒的患者這樣，認為對方是我真正的同伴時，人就會發生改變。

再舉另一個思覺失調症患者的例子。某個女性患者在接受阿德勒治療時，也曾有一個月一句話都不說，這段期間只有阿德勒對她說話。一個月後，她開始覺得混亂，很難理解阿德勒說的話，不過這時，她終於開口說話了。阿德勒說：「我變成她的朋友，她覺得自己獲得勇氣了。」（《自卑與超越》）但是，事情沒那麼簡單就結束了。後來，阿德勒也被這名患者毆打了，因為她內心被喚起的勇氣過多。不過由於她力氣很小，阿德勒便任由她打。阿德勒的反應超出她的料想之外。這名女患者的手也敲到窗戶的玻璃，割傷了手。阿德勒沒有責備她，反而幫她的手包紮。

她痊癒之後的某天，阿德勒在街上碰到那位女患者。她說：「你怎麼會來這邊？」阿德勒邀她一起去她曾住了兩年的醫院。阿德勒跟那名女性以前的主治醫師說，自己還要治療其他患者，請他先跟那名女性聊天。後來，阿德勒看完診回來，那位主治醫師說：「她已經完全康復了。但有一點我不滿意，那就是她不喜歡我。」

無論是教育、育兒、治療，最重要的就是獲得信賴，我們應該用一個人、一個同伴的態度，和對方往來。面對習慣被縱容的患者，其實只要盡量溺愛患者，很容易贏得患者的心，但阿德勒否定這樣的做法。相對的，若輕視患者，則容易招來敵意。不管是縱容或輕視，都無法幫助患者。阿德勒認為，我們不能用權威者的態度面對患者，不可以把患者置於依賴或不負責任的立場，最重要的是我們要表現出「同樣身為人的關心」（《自卑與超越》）。

貢獻感的重要性

有一個很重要的觀念希望大家注意，人的價值並不是來自貢獻，而是來自「貢獻感」。如果人必須對他人做出貢獻才能感受到自己的價值的話，門檻會變得很高，比如說，躺在病床上的人就無法做出貢獻。

就算小孩平時再怎麼惹麻煩、惹惱父母，當父母看到小孩發燒、無精打采的模樣，沒有一個父母不希望小孩可以恢復精神吧。就父母的立場來看，這時候小孩只要好好活著就夠了。如果把這個當作是零，無論小孩做任何事都是加分。若動不動就在腦中描繪理想的小孩形象，就等於用減法來看小孩，這麼一來，小孩無論做什麼，在父母眼中都是減分。

那麼，實際上沒做出貢獻的人，我們要怎麼做才能讓對方感覺到獲得貢獻感？我們可以試著努力從對方的言行中找出良善的意圖。因為即使對方擁有好的意圖，也可能因為表現的方式不恰當，讓人難以察覺。阿德勒在談到精神官能症患者時也說到，治療者光只有良善的意圖並不夠。對自己來說的話確實如此，但若是對他者，我們必須努力找出對方良善的意圖，只要關注在這一點上，對方就可以獲得貢獻感。

前面我們談到賦予勇氣時，也是常常站在給予者的立場來看待事情，假如把角度轉成從被賦予勇氣的立場來看的話，情況會有些不同。例如，我們說「謝謝你」這句話是為了讓對方產生貢獻感，所以即使我們沒得到別人回句「謝謝」，也不可以因此感到不滿或不公平。

不害怕失敗

假如上述的論點正確，被賦予勇氣的小孩不會害怕失敗，他會依照自己的判斷行動，因為他喜歡為他人做出貢獻，並且從不感到厭倦，和那些只考慮自己，一失敗就擔心別人對自己的評價的小孩完全不同。

被賦予勇氣的小孩，只會關心一件事，那就是怎麼解決課題。但是害怕失敗的小孩不但不會解決課題，還只會關心自己。他們在意別人對自己的評價，害怕失敗，害怕到甚至不願試著去解決課題。被賦予勇氣的孩子們則不會這麼想。他們不在意別人的評價，即使解決課題了，也不會藉此炫耀，或表現出自己很厲害的樣子。他們從不用可能性作為藉口逃避課題，或認為「我現在只是不想做而已，只要我想做就一定做得到」。

總之，這些小孩遇到課題，就會從做得到的地方開始，一點一滴地去解決。這就是勇氣，阿德勒把這種勇氣稱作「不完全的勇氣」、「失敗的勇氣」（*Adler Speaks*）。這比起害怕失敗、連跨出第一步試著解決課題都不敢要好太多了。不斷重複同樣的失敗確實是個問題，但沒有失敗就學不到任何東西。考完試後立刻對答案的人可以避免下次犯下同樣的錯誤，若不敢直視自己人生的缺點和錯誤，重新改過，下次還是會犯同樣的錯。

對等這件事

阿德勒問毆打自己的患者說：「怎麼樣，你覺得為了要治好你，我們兩個應該怎麼做比較好？」請注意，阿德勒不是說「我」該怎麼做比較好，也不是命令對方去做什麼，而是說「我們兩個」應該怎麼做才好。治療者和患者的關係，對患者來說是人際關係的全部，就和親子關係、師生關係一樣。

一九一五年出生的新聞記者武野武智曾和某個中學生對話，結果那名中學生對武野說，和武野說話是他從未有過的經驗：

「我從出生到現在，遇到的大人，永遠都是他們在上，我在下。在家中，父母把我當小孩，在學校被老師當作是學生，連鄰居也把我當作小孩。但來武野先生這邊聊天，我第一次被當作一個人對待，讓我忍不住一直講話。我打從出生以來，第一次不被當作是小孩，被當作是人。」（武野武智《讓戰爭滅絕、人類復活——九十三歲的新聞記者的發言》）

另一方面，武野曾在書中寫道，他認為，知道這位他完全想像不到的年輕人的存在，和不知道這件事而死去，意義完全不一樣：

「他們不因門第、權勢、家世、見識、權威、或者貧富、能力的不同，對人產生分別。而是用人與人對等的態度，直接衝向我。」（同前書）

面對這樣的小孩，我們不需要過去傳統的打罵或誇獎的教育。這些小孩發現問題時，能直率地提出來，即使大人批評他不懂得看人臉色，對他施壓，不許他有異議，他們也不會遵從。

賦予勇氣的問題

讓我們再確認一次，所謂的賦予勇氣，是幫助小孩產生自信，相信自己的人生課題自己可以解決。小孩要靠自己的判斷解決自己的人生課題，大人只能從旁協助，不能替他承擔責任，也不可以影響小孩的意志，讓他轉向別的目標。在本書中，遵循慣例，使用了「賦予勇氣」和「被賦予勇氣」這樣的說法，但不是意味著大人要對小孩進行操作或控制。這兩個用語真正的意思是幫助小孩自立，大人需要做的就是忍耐而已。大人強迫小孩自立，小孩無法真正得到自立。大人看到小孩出問題時就對他大聲斥責，這時候，小孩的問題行為確實會暫時消失。這種作法雖然具有即效性，但如同我們前面看到的，副作用實在太大了。相較之下，賦予勇氣要花比較多的時間和功夫。

學會賦予勇氣的方法之後，從今以後，我們大人要開始思考，應該要怎麼做小孩才會擁有勇氣，如嘗試錯誤般不斷和小孩接觸、說話，然後，你有一天會發現，原來不是自己賦予小孩勇氣，而是在他每天生活中的考驗，賦予了他勇氣。

第八章

與他人的關係——個體的獨自性與他人的共生

透過他人，活出自己

前面說到人無法獨自存活這句話的意思，與其說這意味著人很脆弱，不如說是人的本質就是以他人的存在為前提，與他人共生，人才能成為「人」。一個人並無法成為人。這意思並不是指，人雖然可以一個人活下去，但最好與他人共生，而是人打從一開始就是社會性的存在。離開社會或共同體，人就無法成為個體。

確實，他人在某種意義上或許會阻礙我們前進。如果他人都照我們的意思行動，我們與他人的關係就不會變成問題。但假如他人違反我的意志，很難不認為我的世界被他人干預了。

但是他人不是只會對我們做負面性的干預而已，我們可以透過自己與他人的關係找出自我。關於自我和他者的關係，現在許多哲學家已經做過考察，其中，讓我最獲益良多的，是八木誠一的佛朗特結構理論（八木誠一《追求真正的生活方式》）。根據八木所說，若用圖來表示人的生存樣態的話，個體可以用四方形表示，而四方形的四個邊中，其中一個邊不是實線而是虛線。這條虛線是為了他人開放，我們透過這條虛線與他人接觸。跟我們接觸的這個人是另一個四方形，他的其中一邊同樣是對他人開放的虛線。自己沒有他人無法生存，在我生命中發揮作用的他人，也同樣受到另一個他人幫助，大概是這樣的意思。

在虛線這個地方，人與他人接觸。另一個重點是，在這條虛線（也可以說是「面」，亦即八木說的「佛朗特」〔front〕）中，也就是我（A）透過他人（非A）的一邊或說是面（佛朗特），成為非A的一部分。像這樣，人必須對他人開放，把他人的佛朗特同化成自己的一部分。人把自己的佛朗特給予他人，同時，他人的面被同化成自己的一部分。像這樣與他人結合後，套用八木的話說，人不再是一邊為虛線的四角形的這種存在形式，這是因為我們的虛線透過與他人接觸縫合之後變成實線，我們從個體變成一個存在者。

透過這個過程，人才能真正成為「人」。於是A→B→C……持續下去，最後形成一個圓環結構（A→B→C……A）。從A→A形成一個完整的結構，A→B是指A背負著B的存在。同樣的B背負著C、C背負著D的存在，理論上，最後會形成一個圓環（A→B→C……A）。

比如說，嬰兒的存在是由母親背負，而這位母親光靠自己並無法獨存。她可能是由丈夫背負著她的存在，或是由她的母親背負著她的存在。而她的丈夫和母親又是靠著別人背負著他們。這種依存關係用簡單的方式表示就是成為一個圓環，實際上應該是像一個球體一樣。

以行為的層次來說，比如說我對B付出，B有沒有回饋我不知道。但是與B的意志無關，我可以從B的存在接受到某種好處（不是透過行為）。因此，即使在行為的層次上B這個躺在病床上的患者沒有給予A任何東西，但A的存在是透過B的存在被給予的。

八木舉嬰兒和母親的關係為例，說明若佛朗特交換（A給予B佛朗特，B透過A的佛朗特，與A同化）是在相愛的情況下發生的話，過程會非常順利，毫無阻礙。若用阿德勒的話來說應該就是人與人互相結合（mit），佛朗特交換會進行地非常順利。像這樣人（Mensch）與人（Mensch）互相結合（mit）的狀態，阿德勒稱作Mitmenschlichkeit，某個人知道這個道理並做出行動，我們可以說這個人擁有共同體感覺。

相反地，人和人反目（gegen）的話，佛朗特交換就不容易達成。阿德勒把人與人對立的狀態用Gegenmenschlichkeit這個字表示。我們很難說，這種狀態是人本來的常態。即使是對立，也要以他人的存在為前提才做得到。因為一個人的對立是無法成立的。

給予和接受

若脫離與他人的關係，人的存在便無法成立，同樣的，把他人與自己切割開來，自己也無法存活下去。若此為真，下一個問題就是我要和他人建立什麼樣的關係。

我過去曾長期照顧臥病在床的母親。那時母親住院，主要的照顧者其實是醫師和護理師，我只是陪在母親身邊，處理一些日常的瑣事，稱不上是照護，但我那時候才知道，原來照護是一件這麼累人的事。母親因為腦梗塞長期臥病在床，陪在她身邊的我必須替她洗衣服、處理排泄物直到深夜，體力上的負擔很大。但因為母親沒有意識，所以她一句話也沒對我說。

四分之一個世紀之後，這次換成照顧我父親了。父親因為罹患阿茲海默型的失智症，我不能讓他離開我的視線。父親對於近期的事完全忘得一乾二淨，記憶就像沙畫一樣不斷被覆寫。不管在任何時候，我都不可能期待他會感謝我。

這兩個例子或許可說是人際關係中的極端情況，但基本上可以套用在任何人際關係中。人無法離開他人生存，意思就是人屬於這個世界，是這個世界的一部分，但不是世界的中心。所以理所當然的，世界或他人沒有義務要給予你什麼。

換句話說，我們要給予別人好處，但不用去關心別人有沒有給我們好處。關於稱讚的問題前面已經討論過了。在被稱讚的環境中長大的人，會不斷期待別人稱讚他。若沒有人稱讚他的行為，或者他沒得到自己期待的足夠稱讚的話，他就會放棄去做恰當的行為。這是不對的，我們不應該對他人有所期待。即使如此，我們仍可以擁有貢獻感。回想過去我們什麼時候最能感受到自己的價值，應該就是感覺到自己對某人有幫助之時，這時候我們會覺得自己有價值。有沒有被感謝不是問題。前面說過，阿德勒認為自己最有價值的時候，是我的行動對共同體有益的時候。共同體只要兩個人就能成立。

前面提到，不說稱讚說「謝謝」，是為了讓對方的內心產生貢獻感。或許別人不會對我說謝謝，這也沒辦法。有些人或許覺得這樣太不公平了，但我的存在是以他人的存在為前提，所以我必須給他人好處。

就行為的層次來說，我們不是因為從他人獲得好處，所以要報答，而是無條件地給予他人好處。這麼一來，人就可以清楚地確認自己的價值。以我母親來說，她沒有意識，所以在行為的層次上她無法給予我任何好處，但她在存在的層次上，也就是只要她活著，就能帶給我好處。

更進一步地說，我母親後來因為治療失敗去世了，已經不在這世上的母親，就無法在存在的層次上給予我好處了嗎？沒有這回事。就如同母親感受到胎動就把胎兒當作是人一樣，即使是腦死狀態的人，對於那人有關係的家人來說，他還是人。同理，去世的人，對他的親人來說，他還是人。

上述的想法也可以套用在自己身上。即使自己沒做什麼特別的事，光是存在，就應該覺得對他人有所貢獻。這不是從行為的層次，而是從存在的層次上來說。

這麼說的用意，是因為有時候我們確實無法透過行為對他人做出貢獻。比如說生病就是很好的例子。即使當我們躺在床上不能動，也可以覺得自己是有用的。這和那種不打算改變現況，也就是肯定現狀的想法不同。而是即使不做任何事也會萌生貢獻感，要產生這種想法需要相當的勇氣。

我曾經因為心肌梗塞昏倒住院。那時候，我被要求要絕對靜養，甚至連在床上翻身都不行。後來，我終於可以在床上坐起身，慢慢地能夠下床走路，但所有事情都要重新學習。這段期間，我必須一直麻煩家人或護理師。我當時想，這樣的我要怎麼做出貢獻呢？別說貢獻了，我根本只是在給別人添麻煩而已。

但有一天，我想通了。照顧我的人，不正因為照顧我而獲得了貢獻感嗎？

若只想著我只會給身邊的人添麻煩、或認為自己對於照顧你的人或來探病的人而言只是累贅的話，這樣的想法，用本書常用的形容方式就是——不把他人當作同伴。

生病的我，難道不能想著：我透過生病，提供其他人獲得貢獻感的機會嗎？其實，要不要用這種方式寫出關於我自己的故事，我猶豫了很久，但我很希望那些需要身旁的人援助的人，都可以產生這樣的想法。

阿德勒曾說，有些小孩認為自己只要存在，就具備重要性。

「假使過度溺愛小孩，時常讓他成為關注的焦點，或許就等於在教他自己只要存在就好，受他人關注卻不需要付出同等的努力。」（《自卑與超越》）

這是指溺愛小孩，讓他成為關注焦點的情況下，不適用於我們前面說明的情況。若是被溺愛的小孩，當然不宜存有這樣的態度，應該要想辦法讓他脫離自我中心主義，教導他不能光是接受他人的給予，也要給予他人利益，把對自己的關心（self interest）轉換成對他人的關心（social interest，也就是擁有共同體感覺），一定要朝這樣的方向努力，關於這點我們前面已經說了很多。

以小孩的情況來說，一開始他當然需要父母親提供全面性的援助，否則他無法存活下去。但若一直把這件事當作是理所當然的事，他就會養成習慣，學會被溺愛的小孩的生活型態，因此需要格外注意。若先不論這件事，在另一個層次上，小孩對父母來說，真的是只要存在著就能做出貢獻。

至於生病的人，阿德勒是這麼說的。人只要一生病，身邊的人就會自願地為他付出，也因此有些人感受到隨著自己的病復原，大家對自己的關心又逐漸減少時，為了重新獲得失去的關注，他會重複生病（《教育困難的孩子們》）。因此，我們在生病的時候，千萬不要失去自立心。但是，若從身邊的人的角度來看的話，他們對病人關注的出發點依舊是這位病人。

以小孩來說，今天他做不到的事情，我們仍可期望他明天會做到。但像我父親這樣，幾乎不可能期待他會恢復的狀況下，應該要更關注對方。即使是小孩子，我認為比起煩惱未來如何教育他，不如好好把握現在與小孩共處的時光，告訴自己，原來小孩光是存在就能對他人做出貢獻，這樣的觀點和阿德勒不太一樣，但我認為它很重要。若執著於人一定要做些什麼才算有貢獻，有時甚至會忘了最重要的目的，也就是保持對他人的關心，另一個極端則是，消極地認為自己光是活著就已經造成他人的麻煩。

在注意上述狀況的前提下，我們再來確認阿德勒重視的「給予」的意義。我的存在光靠我一人並不完整。他人背負著我的存在。但不是這樣就結束了，我必須把他人當作同伴，互相協調，不能只接受同伴的幫忙，也要幫忙同伴，或為他做出貢獻。只有這麼做，如同前面所提到的，我才會覺得自己有價值。

阿德勒說：「想要解決所有關於人的生存問題，唯有合作能力，以及為此目的所做的準備。」（《追求生存的意義》）阿德勒認為這種合作能力以及為此目的所做的準備，正是共同體感覺的象徵。不難理解為何阿德勒會提到共同體感覺。人無法在脫離與他者的關係的狀態下生存，必須與他人共生。這時，我和他人並非各自存在就好，而是我要幫助他人，就像阿德勒使用另一個字 Mitmenschlichkeit 表示共同體感覺一樣，它的意思正是人與人互相結合。

賦予屬性以及從中獲得解脫

人與人互相結合。但別問了，個體又是獨自的存在。若強調人與人互相結合，自己與他人的差異會受到忽視，統一性或類似性則會受到重視。但是，正因為我和他人之間有差異，我們才能與他人結合，若沒有差異性，結合就一點意義也沒有了。也因為我和他人有差異性，我們才需要語言。

這些道理聽起來似乎是理所當然，但確實有父母與小孩在心理上一體化的案例。有些父母覺得，自己身為父母，當然是最了解小孩的人。但事實上真的如此嗎？

法文有一個表示「了解」的字 comprendre。這個字還有「包含」、「涵蓋」的意思。我了解你，意思就是我涵蓋你的意思。但是即使我自認我可以涵蓋對方，對方必定會脫離這樣的框架，超乎我的理解。說我不了解對方，不是比較符合現實狀況嗎？當我說我了解對方的時候，被了解的對方（在我自以為的狀態下）透過我的知覺活動被涵蓋了（compris），但其實沒有人可以被別人涵蓋。

甚至，我們連自己都不了解不是嗎？保羅說：「我不知道自己在做什麼。因為我一直不去做我想要的事，反而都是做一些我痛恨的事。」（《羅馬書》）

即使知道自己無法涵蓋他人的全部，還是有人裝作沒看見不是嗎？有可能他是真的沒發現。認為自己最了解小孩的父母，壓根兒不會想到小孩有他無法涵蓋之處。

站在小孩的立場，一定會對父母的涵蓋做出強烈的反抗。父母親認為問題出在小孩的反抗行為，卻沒看到這是小孩正在對父母抗議，告訴父母，即使是父母也不可以涵蓋他。

但是，有些人卻會接受別人的涵蓋或評價。更正確的說法是，假如別人對自己的涵蓋和評價是他喜歡的，他就會接受。於是，別人說自己好，他就高興，說他不好，他就悲傷、憤慨。

但是，這太奇怪了不是嗎？自己的價值並不依存於他人的評價之中。即使有人對我說，你這人真沒用，我也不會因為他人的評價突然變成沒有用的人。反過來說也一樣，我們不會因為別人的謬讚，使得自己的價值突然提高了。他人的評價無法提升或降低我們的價值。

再者，不可能所有人都對你做出同樣的評價。一定有人會對你做出正面肯定的評價。即使沒有人給予你很高的評價，你的價值也不會因此減少。

即使不到評價的地步，我們確實會在意別人對我們的看法。連恩說：「能夠領悟到自己不一定是他人認為的那樣，是了不起的成就。這就是自我身分認同，也就是為自己的存在方式（being-for-oneself）與為他人的存在方式（being-for-others）達到一致的境界。沒有達到這個境界的意識，是充滿痛苦的。」（Laing, *Self and Others*）

我們都希望消除這種不一致的痛苦。但應該怎麼做呢？一個做法是，完全不要管別人怎麼看自己。在心理諮商中，若個案的自我評價太低，我們會讓他知道還有其他人有不同的看法。當他在心中判斷，原來我還可以這樣看自己，他就會改變對自己的看法。

連恩說：「某人被賦予的屬性，將限制那個人的可能性，並把他放置在特定的境地。」（同前書）連恩把這個狀況叫做「屬性賦予」（attribution）。所謂的屬性是指：事物擁有的特徵或性質（相當於第四章說明中的F）。

然而，A對B所做的屬性賦予，和B對A所做的屬性賦予有可能一致，也有可能不一致。母親對於想離開自己身邊的孩子說：「即使如此，媽媽知道，你還是愛著媽媽的。」這就是母親賦予孩子的屬性（同前書）。比如說，某個女性很不喜歡一直對某位男性說我喜歡你，但那位男性仍無視於她的心情、大言不慚地對她說：「其實N子也一直很喜歡我，我知道。」（鷲田清一《自我・不可思議的存在》）這也是屬性賦予的一種。

但是，連恩繼續說，賦予他人屬性同時也是一種命令。以現在的例子來說，就是母親對小孩說「你要愛我」，或男性對女性說「妳要愛我」。當母親問小孩，你喜歡媽媽嗎，我寧願看到小孩回答不喜歡而被母親甩巴掌，也不要他硬吞下這種實質上等同命令的屬性賦予。為什麼？因為，甩小孩巴掌的母親至少還把小孩當作是與自己分離的個體，而小孩子也知道自己可以影響母親。

屬性賦予的態度就是對於他人的獨立性視而不見。比如說即使小孩不希望，母親仍賦予他與他意願相反的屬性，那麼借用連恩的話來說，這就是「真的背離」（real disjunction）遭到廢止，「假的連結」（false conjunction）被創造出來。

想要擺脫他人的屬性賦予以及評價獲得自由、想要擺脫他人的期待獲得自由、不想故意裝作比實際上更好的樣子，當一個人心中有這些想法，他就會改變。

同理，這些想法也可以套用在他人身上。他人不是為了符合我的期待活在這個世界上，我也不能賦予他人屬性。屬性賦予等同於命令，所以他人絲毫沒有義務遵從這種帶有命令意味的屬性賦予。

不需要他人的認同

很多人認為，為了讓別人接納自己、讓自己產生自尊心，必須要獲得他人的認同。剛才提到的，接受屬性賦予，其實就是為了獲得他人的認同。獲得他人認同確實是一件令人開心的事。又比如前面說過的，把短處看成長處，當他人對你這麼做時，你會感到又驚又喜，發現原來還可以用這樣的角度看自己。就這層意義來看，說我們完全不需要他人的認同可能說得太過火了，但也不是指我們非得要獲得他人的認同不可。

得到他人的認同確實很令人開心，所以我們最好也對他人說出認同的話。但想要讓自己獲得接納，獲得喜愛，認同是絕對必要的嗎？我認為不是這樣。

有一個小學生，每天放學回家的工作就是要打理躺在病床上的曾祖母的大小便，但他認為這些照護工作是很理所當然的事。當我第一次聽到這件事時嚇了一大跳。因為，一般的小孩搞不好還會跟父母要一些零用錢。我跟小孩的母親講這件事，他母親卻說道：「可是，這孩子都不讀書。」

確實，這名母親不把注意力放在孩子照顧曾祖母這件事上面，表示她的應對也有問題。比較好的作法應該是，關注小孩做出貢獻的行為，並對他說「謝謝」。但就他的立場來看，他不認為自己做這件事需要受到關注或認同。他認為，被說「謝謝」，表示自己的行為獲得認同，這樣雖然會很高興沒錯，但難道因為沒被認同就不去做曾祖母的照護工作了嗎？他說得沒錯。嬰兒只能透過哭泣吸引家人的注意，但當他長大之後成為家庭的一員，不再是家庭的中心，不能期待自己的存在或行為必須經常受到家人關注與認同。

這位母親會說出「可是，這孩子都不讀書」這句話，就表示她只在小孩念書時認同他，而且命令小孩要念書，甚至要取得好成績。這位母親的觀念是：不用去照顧曾祖母了，那只會妨礙你念書而已。我很希望這名小學生不要去追求母親的認同，不僅如此，我還希望他可以擺脫父母根據他們的價值觀禁止小孩做某種行為的泥淖，用自己的判斷選擇行為。

總是希望被關注、被認同的人，大抵是因為從小接受賞罰教育的影響所致。有些人，只要沒有人稱讚自己，他就不去做恰當的行為。比如說，走廊上有垃圾，希望被稱讚的人就會先看看周圍有沒有人在看，只要沒有會稱讚他的人在，他就什麼也不做。這實在太奇怪不是嗎？

把受關注當作行動目的的人，他做事情的動力是希望被稱讚。所以，即使他做出的行為表面上看起來很恰當，只要沒有從他人獲得他預期的關注，他不是對不關注他的人表達憤慨，不然就是再也不做恰當的行為。但是，恰當的行為本來應該就是不附帶任何條件的。

這裡要注意的是，我所說的不需要他人的關注或認同，不是指我們不需要和他人或與社會產生連結。而是我們不用特別尋求他人的認同，人只要活在與他人的關係之中，即使沒有透過語言直接獲得認同，事實上我們也已經充分被認同了。當我說，我們不需要受到他人充分的認同或毫不間斷的關注時，是從行為的層次上說的。另一方面，若說人只要活在與他人的關係之中，即使不做任何事也可以受到他人的認同，這是從存在的層次上說的。

擺脫競爭

如上述，他人不一定是妨礙我們的存在，非但如此，他們還是我們存在的基礎。沒有他人，這個「我」也不存在。所以，我們必須和他人協力合作。

但是，實際上卻是，我們一直和他人競爭，老是透過競爭分出誰在上、誰在下，這才是問題所在。如同阿德勒所認為的，人假如和他人保持對等的關係，競爭就不需要了。阿德勒說擁有共同體感覺的人會與他人合作，做出貢獻，而競爭剛好與合作相反。阿德勒說，動物的群體行動比起獨自行動更容易保住性命，這一點達爾文也有注意到（《孩子的教育》）。其實，與他人合作的必要性，不限於生物性或是社會性的層面，還包括自己存在的根據，也就是說，當我們想為自己的存在建立基礎時，合作是不可或缺的。因此，雖說在今日互相競爭的情況人們早已習以為常，但這並不是正常的存在狀態。競爭最激烈的狀態就是戰爭。阿德勒目睹了戰爭的現實，卻仍提倡共同體感覺，認為戰爭、競爭都不是人的本性，這一點實在值得大書特書。

競爭是最損耗人的精神、健康的事。阿德勒引用「所有人對所有人的戰爭」（the war of all against all）這句話時曾指出，這是一種世界觀沒錯，但不適合當作普遍性的原則（《教育困難的孩子們》）。這句話是霍布斯在《利維坦》（Leviathan）當中所說的名言。他認為人有自我保存欲，會一邊壓迫別人，一邊追求自己的權利與幸福。霍布斯把這種情況稱作「自然狀態」。只要看過本書前面對阿德勒思想的描述就一定知道，阿德勒不認同這樣的世界觀。我們不能壓迫他人，只讓自己獲得幸福。必須與他人合作，對他人做出貢獻。

人只要處於競爭狀態，就無法合作與做出貢獻。每次只要看到共同體感覺，就會讓人去思考理想主義的本質。競爭雖然在日常生活中隨處可見，但我們不能毫無條件地肯定它的存在。

從以力服人到對話

假設人與人的關係應該是對等而非競爭，與他人合作是應有的態度的話，那麼即使雙方的想法不同，我們也不需要透過力量，強迫別人接受自己的想法。

在大阪大學召開的「為了和平的密集課程」中，大阪女學院短大的奧本京子副教授（當時）曾對課堂上的人說：「你們兩兩一組，其中一人單手緊握拳頭，另外一個人試著把他的手打開。」這時，教室傳來一陣騷動。過一會後，奧本說：「剛才有人開口對另一人說『請把手打開嗎』？」

奧本說：「為什麼我們總是要用蠻力去解決事情呢？想要透過和平的手段解決紛爭，我們需要的是對話，以及對於他人周遭以及他人自身的想像力與創造力。」（《朝日新聞》二〇〇三年五月二十三日）

如同這個故事告訴我們，很多人可能想都沒想過可以靠對話解決問題。即使不是使用物理性的力量，也可能會用斥責等情緒性的表露，試圖藉此壓倒對方。用這種方式解決問題，確實是簡單又有即效性。但是，這只是暫時性的解決，我們在日常生活中很常看到類似的場面。相較之下，透過對話解決問題，既耗時又費力，但若不使用語言解決，問題通常只會變得更嚴重。

這不僅是個人與個人之間的問題。國家與國家之間也可能會發生一樣的問題。前面提到，阿德勒目睹了第一次世界大戰的現實慘狀，即使如此他也沒有肯定人的攻擊本能。肯定這樣的本能，就代表否定了人可以努力地不透過武力、或犧牲生命解決問題的可能性，也否定了人可以鍥而不捨地透過語言調整差異的可能性。

在受父母虐待的環境中長大的人，只要他憎恨父母，照理說應該不會對自己的子女做同樣的事。不過有些人無論受到父母怎樣殘酷的對待，也會認為父母其實是深愛著自己。這樣的人，等到自己成為父母後，仍會對孩子做出他父母對他做的事情。因為他確信，如果他這麼做還可以愛著小孩的話，那就表示他的父母也是愛著自己。於是，虐待就產生了連鎖效應。

並不是說，我們不可以有不同的想法。相反的，有不同的想法才是正常的。問題是，要用什麼方法調整想法的差異。光是喊出反對戰爭的口號還不夠。一邊喊著反對戰爭，但另一方面卻用情緒性的字眼責罵小孩，如果這些事情我們仍在日常生活中常見到的話，那麼我們的下一個世代勢必會重複犯下同樣的過錯。

第九章

怎麼好好地過完這一生——看清現實與理想

人生並不是什麼事情都有意義

我實在很難想像人生中發生的任何事情都有意義。沒有犯任何罪的人只是碰巧在某個現場，所以被暴徒殺死了，或是年紀輕輕就臥病在床等，這些事情本身到底有什麼意義？實在讓人難以想像。因為實在太過不合理了。

當然，這樣的不幸或疾病絕對不是神為了懲罰人引起的，也不是前世的因緣造成的。那麼為什麼會發生這樣的事情呢，沒有人知道。我們完全無法防止不合理而且悲慘的事件發生。但是，我們擁有超越苦難與不幸的力量與勇氣。我們可以從那些不屈服於降臨在自己身上的命運，勇敢活下去的人身上學到很多東西。

一九三七年，阿德勒毅然決然地前往一趟演講行程十分密集的歐洲之旅。當時，他的大女兒瓦倫婷和她的丈夫一起住在莫斯科。阿德勒寫信給她，但信卻被原封不動地退回來。由於演講行程過密，再加上瓦倫婷的失蹤讓他十分心痛，使得他每天都擔心地睡不著覺。無庸置疑，這件事情帶給阿德勒致命的打擊，導致他提早離開人世。至於瓦倫婷的下落，則是在阿德勒死後，透過愛因斯坦居中協調才得知真相。瓦倫婷在一九三七年一月被史達林的秘密警察逮捕，一九四二年左右在西伯利亞的俘虜收容所中死亡。

假如所有事件的發生都有意義的話，我們就可以直接肯定現在這個世界。但事實上不是如此，這個世界充滿了各種邪惡與不法。若是自然災害，我們很難阻止它發生，但若是人為的，我們可以改變它。

想要發揮超越人生苦難的力量，光是詢問為什麼會發生這樣的事，向過去追究原因是不夠的。我們必須思考，接下來應該要做什麼？我能做什麼？再怎麼認為自己無能為力，也要努力去做，什麼都不做就等於肯定眼前發生的事件。即使你認為眼前發生的事情和自己沒有直接關係，也要想想看有沒有我能做的事？

與其直接肯定人生發生的所有事情都有意義，不如想辦法超越不合理，努力把人生變得有意義，這才是有意義的人生。

超越現實

想要改變現在的生活狀態，必須要超越現實。這並非意味著現在的生活狀態不好，而是當我們想知道要怎麼做才能過得更好時，就必須朝向位於現實生活彼方的理想看才行。也就是說，不要認為現在的生活狀態就是一切，再怎麼努力都無法改變，千萬不要有這種想法。

事實上，有很多現實的生活狀態確實很難讓人肯定它、覺得它是正確的。比如說，我們不能因為肚子餓，就無限量地一直吃。更別說，生病的時候，我們的食量更是要受到限制。所謂的「善」，前面說過，就是對自己而言「有好處」的意思，每個人都希望擁有對自己有好處的事物，但什麼是善，每個人的想法不盡相同。有時候，我們希望的善可能是在離現實最遙遠的地方。很少有人的理想與現實一致。我們在思考怎麼活下去的時候，需要的不是追認現實，而是可以超越現實的努力，無論現實的狀態如何，都要追求理想。

前面我們提過，事情發生後再解釋的方式，稱作「事後理論」。採用阿德勒的目的論看這個世界，你會有一種豁然開朗的感覺。用情緒性字眼責罵小孩的父母，可以找出很多理由說明他為什麼會這麼做。他們有一個最原始的目的在前面，也就是希望透過責罵，讓小孩照他們的意思行動，至於責罵的理由到時再找就好，什麼都可以。

國家和國家發生戰爭時，都會找一個冠冕堂皇的理由。假使有人大喇喇地說，我希望透過戰爭獲得經濟利益，我想大概就沒有人會支持戰爭吧。但若說是為了正義、或國家利益而戰時，就會有人支持戰爭。事實是，主事者先有一個發動戰爭的原始目的，之後再想辦法把它正當化。也就是說，主事者已經決定要發動戰爭，之後才搬出一個冠冕堂皇的理由。戰爭到底是是善（有好處）是惡？除了戰爭以外沒有其他解決問題的方法嗎？還是說，透過戰爭更無法解決問題等，其實這些問題都有檢討的必要。但事後理論不問發動戰爭本身的是非，對已決定的事情不做批判，反而在事後找理由替它正當化。

心理學也是一樣，光只有事後追認現狀，沒有改變現實的力量，一味地把目光朝向過去，分析當下的症狀，這樣的心理學也不會有解決問題的力量。阿德勒並非完全對過去不聞不問。他在做心理諮商的時候，會詢問個案的過去，但他的目的不是把過去發生的事件當成現在的問題發生的原因。因為，即使這麼做，過去也不可能再重來。但是，為了讓當事人知道，無論是過去或現在，換了一個人，仍會做出同樣的事情時，這時候確實有必要詢問對方過去的事，目的是為了讓個案意識到過去從未意識到的事。如同尼采說的：「原來這就是人生（das Leben）啊，好、既然如此，那我這次要不一樣。」（尼采《查拉圖斯特拉如是說》）這麼一來，當事人往後的人生將會煥然一新。心理諮商時的洞察，通常都是透過這樣的形式發生。過去並非毫無用處。正因為有過去悔恨莫及的痛苦經驗，才有可能獲得這樣的洞察。但我們的重心不是放在過去，而是未來。無論過去或眼下面臨什麼樣的問題，接下來要怎麼做、或能做些什麼，這才是我們應該要思考的事。

合乎現實地活下去

另一方面，除了超越現實，也要注意不要失去與現實的連結。

阿德勒使用 unsachlich 這個字，對於與人生失去關聯，或與現實失去接觸的生活方式表達關心（《性格的心理學》）。unsachlich 就是不遵循事實或現實（Sache）的意思。相反的，sachlich 就是遵循事實或現實。

失去與現實連結的例子之一，就是一直在意別人對自己是怎麼想的。當人一直擔心他人對自己的印象，擔心他人對自己的想法，就會變得 unsachlich，與人生失去關聯。

「比起實際上如何（Sein），更在意別人覺得如何（Schein）的話，很容易與現實失去接觸。」（同前書）

失去與現實連結的第二個例子就是，只看自己或他人的理想之處，而不看現實的自己與他人。這個意思不是說理想不重要，正好相反，理想很重要，只是它的立足點必須從現實出發。維持自己現在的狀態好嗎？可以說好，也可以說不好。先從「好」的評價開始說，以他人的立場來看，比如說父母對小孩說，維持現在的你就好。小孩不管是生病，或是做出讓父母傷腦筋的問題行為、與父母的理想相差甚遠，但小孩依舊是小孩。即使他賴床上課遲到，父母可能會覺得，至少他不是躺在床上身體漸漸變得冰冷就好。

只要他有起床，父母就會覺得高興了吧。賦予勇氣不一定只能在行為層次上，在存在層次上也辦得到。只要他存在，父母就能賦予他勇氣。從這一點出發的話，不管小孩做什麼事，父母都能賦予小孩勇氣。

對於自己也一樣，我只要保持現在的我就好。因為我活著不是為了滿足他人的期待。前面我們看過連恩說的「屬性賦予」，有些人當別人對他說「你是這樣的人」時，他會像遵奉命令般接受它。但比較正確的觀念應該是「不管別人怎麼說，我就是我」。

除此之外，回過頭來看自己也是，即使我不做什麼特別的事，也能對他人有貢獻。對小孩來說，這樣的想法很難想像，但對父母來說，小孩只要維持目前的狀態就是一種貢獻了。即使如此，還是有人認為，自己對他人一點用處也沒有，他認為假使自己不存在，大家就能活得更快樂、更和諧。但事實並非如此。

所謂維持目前的狀態，並不是要大家什麼事都不用做。有些人會覺得自己什麼都不用做，因為別人都會幫自己做好，這個想法是錯誤的。對於這樣的人，「維持現狀就能產生貢獻」的想法，就不適用於他。

這樣的人必須先脫離自我中心主義，不能只是接受給予，也要對他人做出貢獻。但如同前面說過，這個意思不是叫大家一定要做什麼特別的事才行。

作為失去與現實的連結的第三個例子就是，一定要等到某件事實現時，才覺得自己的人生終於開始了，有這種想法的人，無法感受到「我活在此時此刻」的感覺，並失去與現實的連結。這種想法其實就是精神官能症的邏輯，也就是老是在心中想「如果……的話」，永遠想跟未來的可能性賭一把。而目的論則是以善作為志向建立某個目標，但這個目標並非一定要在未來把它實現不可。

除此之外，拖延不解決也是一大問題。面對人生課題，害怕失敗的人不敢勇於挑戰課題，反而希望「原地踏步（讓時間停下來）」（《人為何會罹患精神官能症》）。

若老是在意別人怎麼想，一直配合別人的想法，不僅自己的人生會失去方向，還會讓別人產生不信任感。因為他可以同時接受完全不相容的想法，當他同時向兩方觀念不同的人宣誓忠誠，很可能有朝一日會被識破。

不管現實狀況如何，我們都要面向未來，不失去理想，同時活在此時此刻。未來會發生什麼事，我們無從得知。但不要為了不知道而感到苦惱。為了使理想成為可能，我們不能被眼前的事情給困住，應該把目光放在目標和理想。現在面臨的困難，並非一定要全部解決才能往前邁進。當我們深陷困難之中，無法自拔時，確實很難想到這一層道理。所以我們應把理想當作「引導之星」（《追求生存的意義》），只要把目光朝向它，我們就不會迷路。如果沒有看著它，我們就會被眼前的事情困住，時喜時憂，用剎那式的方式過生活。若沒有看著理想，「此時此刻」的生活方式不過是剎那主義而已。只要我們常盯著理想看，會發現許多可以幫助我們達成理想的目標慢慢地納入我們的視野，因此只要我們一發現某個目標對達成理想有幫助時，我們就懂得中途轉換方向。

樂觀主義、樂天主義、悲觀主義

我們可以用樂觀主義來形容阿德勒面對人生的態度。有些小孩子非常樂觀，相信自己可以圓滿地解決自己所面臨的課題，阿德勒說這樣的小孩，可以讓自己內心中「相信自己可以解決問題的那部分性格與特性更加發達」，什麼樣的性格特性？比如說「勇氣、直率、信賴、勤勞」等。

當然，任何人都不可能一直一帆風順，有時候還是會遭遇到無法解決課題的時候。但是，阿德勒站在樂觀主義的立場想強調的觀念是：我們不應該還沒有試著解決問題就放棄，或找了許多藉口讓我們不去面對課題。

這樣的樂觀主義，和不管遇到任何困難都覺得船到橋頭自然直的樂天主義，或是正面思考不一樣。樂天主義者面對任何事情都覺得不要緊，相信事情不會變壞，即使變壞了，到最後「總有辦法解決」，但實際上卻沒有積極作為。而樂觀主義者會從自己做得到的部分，想辦法「做些什麼」。不要鑽牛角尖很重要沒錯，但樂天主義者之中，有些人「對人生的理解太過天真，天真到連面對到應該認真嚴肅處理的狀況也是樂觀以對」（《心智的心理學》）。

相信自己無法解決問題的小孩，會強化自己的「悲觀主義」的性格特性。我們可以從這樣的小孩身上看出「膽小、小心、封閉自我、不信任他人的特性，其中個性比較懦弱的孩子，會展現出很保護自己的性格特性。」（同前書）這樣的小孩，如果是阿德勒說的「奮鬥的悲觀主義者」那還好，最糟糕是認為自己什麼也做不了，陷入「自暴自棄」的狀態，逃離人生的前線，遠離應面對的課題，逃避一切。這樣的人會認為自己做什麼都無法改變，所以什麼也不去做。

我們面臨的課題最終都有辦法解決嗎？不知道。雖然不知道，但如果像悲觀主義那樣，什麼都不做，問題保證無法解決。若像樂天主義者那樣，認為船到橋頭自然直，但自己卻什麼都不做，課題也無法獲得解決。

運動與活動

亞里斯多德對於運動（kinesis）和活動（energeia），作了以下的對照（亞里斯多德《形上學》）。一般的運動有起點和終點。對於這種運動，我們會希望它能快速且有效地達成。比如說，我們在通勤或上學時，會希望盡早抵達上班地點或學校。在此種狀況下，到達目的地以前的運動，因為未抵達目的地，所以都被視為未完成或說是不完全的移動。這種運動的重點不在於「逐漸完成了多少」，而是用多少時間「完成了」多少事情。

相較之下，活動就是「逐漸完成了多少」，不管它進度有多少，都是「完成了」。活動的動作經常保持在完整的狀態，它不問「從哪裡到哪裡」，不問有沒有效率，非得「一定在在某個期限內」完成不可。比如說跳舞，跳舞的動作本身就有意義，沒有人會去追問跳舞的人打算要移動到哪裡。至於跳舞結束時，跳舞的人可能會抵達某個地點，但沒有人會為了抵達某個地點而跳舞。旅行也可以用來做為活動的例子。旅行的人不會用最有效率的方式抵達最終目的地，這樣就沒有意義了。抵達目的地之前，他就已經在旅行了，抵達目的地並非旅行的目的。旅行是從離開家中的瞬間開始，之後每一分每一秒他都是在旅行。在旅行的過程中，時間的流動方式會和平時的日常生活完全不一樣。

有效率的旅行就失去旅行的意義了。

那麼，活著這件事到底應該看做是運動或活動呢？若被問到：「你覺得你現在走到人生的哪個階段？」大部分的人都會把人生想像成直線，年輕人會指著這條線的前半靠近起點的地方，年老的人會指著這條線的後半靠近終點的地方。這種回答方式的前提就是，把人生看做直線，這條直線從誕生開始，到死亡結束。可能也有人會說，我的人生離一半（中間點）還很遙遠，事實上如何，沒有人知道。因為，這個回答是以他的人生還很長為前提，實際上他人生的中間點搞不好很早就過去了。真相如何，只能等日後才能見分曉。

到底人生可否用這種空間式的表象，用從誕生開始、死亡終結這種線形的方式去想像它，沒有人可以證明。應該說，不要用這種方式想像，或許比較接近人生的真實。活著這件事到底是運動還是活動，亞里斯多德說應該是活動。因為即使沒有抵達目的地，我們仍時時刻刻「活在當下」。

能夠做到這樣想，即使哪天我們的人生突然結束，也不會有壯志未酬身先死的想法。

阿德勒是在一九三七年五月二十八日六十七歲時驟逝。他那時人在蘇格蘭的亞伯丁。他在亞伯丁大學進行連續四天的演講。演講成功地結束了。隔天早上，他一個人吃完早餐，預計要前往下一個演講的地方之前，走出飯店正打算去散散步時，忽然昏倒。此時，一名正要去上班的年輕女性正巧看到這一幕。她說，阿德勒當時像運動選手一般，邁開步伐大步向前走，但突然就跌倒了。

聽過阿德勒演講的神學院學生認出倒地的人是阿德勒，立刻為他做急救處置，他鬆開阿德勒的領帶時，聽到阿德勒喃喃地說「科特」。那是他兒子的名字。那位學生對他做心臟按摩，但阿德勒的意識沒有恢復。救護車趕到，救護員把他抬上擔架時，在場的人看見阿德勒有意識地調整自己的姿勢，讓救護員比較容易搬運他的身體。阿德勒在救護車趕到醫院前斷氣了，死因為心肌梗塞。

阿德勒應該沒想過自己的死會來得這麼突然吧。沒有人知道明天會發生什麼事。即使如此，生活不會等到明天，當下就必須完成。

關於死亡

阿德勒下定決心成為醫師的來龍去脈，我們在本書前面已經看過了。接下來我想探討的是，阿德勒一向很關心死亡的議題，他在人生的最後一刻，究竟會抱持什麼樣的想法？

人為了逃避死亡的恐懼，最常做的就是將死亡無效化。也就是說，相信人其實「不會死」，然後意圖使別人相信自己「還沒死」。有人相信人死後會改變成與活著時不同的生存型態，也就是說他們相信人死後並非化為虛無，而是透過某種形式存在（比如說，變成風）。但也有人相信，人死後和活著的時候沒兩樣，生者可以透過靈媒的力量與死者交談。

精神科醫師伊麗莎白・庫伯勒－羅斯（Elisabeth Kübler-Ross）說：「死亡不過是從這段人生轉移到別的存在的過渡而已。」（伊麗莎白・庫伯勒－羅斯&大衛・凱斯樂《當綠葉緩緩落下》）這是她晚年對於死亡的想法，她認為死亡不過是「轉移」而已。伊麗莎白・庫伯勒－羅斯在二〇〇四年八月二十四日死亡。大衛・凱斯樂（David Kessler）說，伊麗莎白・庫伯勒－羅斯在臨終之前，視她為偶像的人們，或許正滿心期盼，相信待會一定會發生令人覺得不可思議的現象（同前書）。當然，最後什麼事也沒有發生。這讓我想起杜斯妥也夫斯基的《卡拉馬助夫兄弟們》中，佐西馬長老去世時，大家都期待會有奇蹟發生，但事實上他卻比一般人還更快散發出腐臭的味道。

即使奇蹟沒有出現，還是有很多人對於死後的世界非常期待。假如死後還有另一個世界，這樣我們的死就不算真正的死亡不是嗎？這種對於死亡無效化的想法無法說服我。若是將死之人，或者所愛之人比自己早先離開一步的人，希望有死後的世界，這我還能理解。只有相信人死後並非化為虛無，人才能克服死亡的恐懼，療癒尚在人世的人們的悲傷。

我母親年紀輕輕就去世，她的一生幾乎可以說都奉獻給小孩，正當她正要開始享受人生時卻去世了。我曾想過，母親這樣的人生，究竟得到什麼回報？瑞士的哲學家，卡爾・希爾逖（Carl Hilty）說：「在人世間還沒受盡應得的處罰是怎麼一回事？就我們的見解來說，這正好證明了我們的推論，也就是這一世的帳還沒算清楚，死後必然還有另外的生活存在。」（希爾逖《不眠之夜》）

相信死後還有另一個世界並沒有錯，甚至我認為如果真的是這樣那就再好不過了。但就我自身來說，我認為用「惡人未在這一世受罰，善人未在這一世得到回報，所以來世存在」這種無法被證明的想法，很難用來作為來世存在的證據。我很難對這樣的想法懷抱期望。

克服死亡的恐懼

死亡並非特別的、和生命勢不兩立的存在，它是生命的一部分。庫伯勒・羅斯提出的臨終前的五個階段非常有名（譯註：否認〔denial〕、憤怒〔anger〕、討價還價〔bargaining〕、沮喪〔depression〕、接受〔acceptance〕）。庫伯勒－羅斯說：「知道『臨終前五階段』並不是最重要的。生命的喪失也不是最重要的。最重要的是活出生命。」（《當綠葉緩緩落下》）

把死亡當作生命的一部分，這樣的想法和前面說的把死亡無效化的想法不同。因為我們對死亡並不了解，但在死之前，也就是迎接死亡的準備是我們不能逃避的人生課題。我們應該要怎麼面對死亡？即使事態非常嚴重，人面對死亡和面對其他的人生課題時，基本上態度應該是一樣的，不應該把迎接死亡視為特別的課題，用迥異於面對其他人生課題時不同的態度面對。

其次，不管死亡為何物，人都可以在當下活出幸福。當死亡接近時，若覺得自己必須大幅改變原有的生活方式，應該是因為你自己過去的生活方式有問題。因此，比較好的生活方式，應該是不抱著可以得到稱讚的期望，也就是就不用像希爾逖說的，希望來生再得到回報。

寫到這裡，我腦中浮現的是蘇格拉底所說的，關於死亡，我們會覺得恐怖，是因為我們不知道死亡為何物，卻假裝知道（柏拉圖《蘇格拉底的申辯》）。死亡是不是所有善中最極致的？我們不知道，但至少我們無法完全排除它是善的可能性。

尼采的《查拉圖斯特拉如是說》，故事是從「享受十年孤獨，從不感疲倦」的查拉圖斯特拉從山上走下來開始。某天，他為了找尋泉水，來到一片綠油油的草地。在那裡，有一群少女手牽手跳舞。少女們看到他，停止了跳舞。但查拉圖斯特拉帶著友好的態度靠近她們說：

「可愛的少女啊，請繼續跳。來到你們這裡的人，並非帶著惡意的遊戲妨礙者，他不是少女們的敵人……我知道了，我是濃密樹叢的黑暗。但，不害怕我黑暗的人，應該可以看出柏木樹叢下那片開滿玫瑰的斜坡吧。」（尼采《查拉圖斯特拉如是說》）

這裡所說的「濃密樹叢的黑暗」是死亡的比喻。只要我們還活著就絕對無法體驗死亡。或許有人曾有過瀕死體驗，但絕對沒有人有過死亡體驗。沒有人知道死亡究竟是怎麼一回事，我們既有的知識也無法對死亡做清楚的說明。因此死亡是黑暗，雖然它是黑暗，但不一定是「敵人」。哲學家田中美知太郎引用《查拉圖斯特拉如是說》這一段文之後接著說：「唯有死亡的自覺才是生命之愛。」（田中美知太郎《希臘人的智慧》）意思是，唯有不閃躲、直視死亡，我們才可能熱愛生命。這樣的死亡不一定會令人感到恐懼。如同前面介紹過的，在人際關係中我們不可以把他人當作敵人，以及八木誠一的佛朗特結構理論，我認為，他人的死亡可以使我變得更完整，這是我現在對死亡的看法。

雖然可以用這樣的想法看待死亡，但回過頭來想，用否定的態度來看待我們在人生終點必定要承受的死亡，這背後是不是有什麼目的？我把這種看法稱作面向未來的原因論。前面說過的，有人會把過去發生的事情當作當下狀態的原因，同樣的，也有人會把未來可能會發生的事情當作當下，或是當作從今以後的生存狀態的原因，這麼一來，當下的生存狀態就被限制住了。當下的生存狀態一旦被決定，這個把未來納入射程範圍的原因論，會讓我們在面對困難的課題時，不願付出更多的努力來解決問題（正確來說應該是，相信自己可以躲開這樣的努力），反而會說服自己是個不幸的人，或者現在雖然過得幸福，但透過這樣的想法減輕將來失去時可能受到的衝擊。由於它背後有這樣的目的，所以這種「面向未來的原因論」，也算是一種目的論。

人為什麼會害怕年歲增長、疾病與死亡呢？阿德勒認為在思考這個問題時，必須和思考其他所有問題一樣，先找出恐懼的目的。換句話說，人在面臨什麼樣的難題時，會用這些恐懼當作逃避的藉口？若可以改變想法，認為人生的課題都可以解決的話，年歲增長、疾病、死亡就變得不恐怖了，這時我們才能真正看見死亡固有的問題。為了迴避解決某種課題而害怕死亡，並不是死亡固有的問題。

死亡究竟為何物，我們不知道，但通常生病的時候我們會去思考它。以前我曾經想過，所謂的不死，若是指人生這條河川最後與大海融為一體，也就是我的個性消失了，這樣的結果和死亡不是一樣嗎？宇多田光在〈Deep River〉中唱到，我們最後都會抵達海洋，不用害怕。以前，我不能認同這個觀念。我想像的是個人性的死亡。人格是使我成為我的背後推手。也就是說，我之所以能夠認為十年前的我和現在的我是同一個人，是透過人格的幫助，而保證了這樣的連續性。我希望我死後無論是透過哪種形式，都可以保存我的人格。

但是，我後來慢慢覺得，即使死亡之後，人格和個性會與某個更大的存在融為一體，甚至死亡之後什麼都沒有，這樣的想法其實也沒什麼不好。其中一個原因是，即使是現在活著的時候，我這個人格，都不能光靠我自己得到完整。這樣的生存狀態，死後會怎麼樣不知道，即使是現在，我們都沒有真正擁有一個能與他人切割開來的「個」性。

另一個原因是，前面已提過多次的，阿德勒對於執著於「我」後會產生的問題。只要不把「我」會變得怎麼樣這件事作為第一優先考量的話，我就不會害怕「我」的消失。就像很多人常說的，即使我被人遺忘也沒關係。我本身當然希望我們可以不要忘記死去的人，但不能期待他人也會這麼想。

阿德勒說：

「（人生）最後的試驗就是害怕年歲增長與死亡。如果透過養育小孩，或是意識到

自己對文化做出貢獻，就能確信自己不會消失，就不會害怕年歲增長或死亡。」（《追求生存的意義》）

為了克服自卑感，人必須要感覺到自己對他人有貢獻。阿德勒曾在別的地方提到，人的一生時間有限，死亡最後必定到來，只要是對全體人類的幸福做出貢獻的人，就能得到永遠存在於共同體之中不會消失的保證，例如養育小孩以及工作。

我是不是不會消失，這件事並不那麼重要。每個人都可以透過不同的形式，不管是透過養育小孩或是好好地把工作做好，為這個世界留下了什麼，就等於為後世的人做出貢獻。

好好地活著

結果，我們依然不知死亡為何物，也不知道我們可以活多久。既然這些事自己無法決定，那麼煩惱它就沒有意義。就像阿德勒所說的，很多人光是要活著就得費盡心力，光是要好好活著就非常困難（《心智的心理學》）。既然如此，那就不要去想未來要是發生什麼事情自己是否能獲救，或是想要活得長壽，而是在生命之中，運用被給予的事物，努力地做自己可以做的事情就好了。阿德勒也說：「重要的不是你被給予了什麼，而是你如何使用這些被給予的事物。」（《人為何會罹患精神官能症》）這句話幾乎可以套用在我們生命中的所有問題。

我想起蘇格拉底曾說過以下這段話。不要去想自己還能活多久，不要執著生命，「相信某些女性常說的，把這些問題交給神，被決定好的命運沒有一個人能倖免。把心思放在下面這件事：我們應該怎麼做，才能將未來可能剩下的時間做最好的運用，好好活下去。」（柏拉圖《高爾吉亞篇》）

這個意思不是說，要大家利用專注於好好活下去這件事，藉此逃避思考死亡這件事。比方說，戀愛關係十分充實的人，絕對不會去想：「這段戀情是否能持續？」不會去擔心未來的發展。反過來說，若戀人的關係充實到可以毫不考慮未來的發展，那麼這段戀愛就能有所成。當兩個人的關係不充實，就會一直對未來的發展擔憂。

人生也是一樣不是嗎？只要一心一意地好好活著，就不會去擔心未來的事。或者說越來越沒有必要擔心。反過來說，一直擔心死後會如何如何，通常是因為現在活得不好。

蘇格拉底說的：「我們應該怎麼做，才能將未來可能剩下的時間做最好的運用，好好活下去。」這句話和蘇格拉底的另一句話相呼應：「重要的不是活著，而是好好地活著。」（柏拉圖《克里頓篇》）

阿德勒也說：

「人生有限，但對於活得有價值而言，已經十分長了。」（《孩子的教育》）

前面說過，阿德勒曾說：「會讓我覺得自己有價值的，只有一種情況，那就是我的行動是對共同體有益的時候。」（*Adler Speaks*）這裡說的「有益」和我們說好好地活著時的「好」同義。這是阿德勒替蘇格拉底說的「要的不是活著，而是好好地活著」這句話補充的具體內容。

即使你不去思考怎麼好好地活，只思考年老、生病、死亡這些事情，最終還是得面對生命中的問題。

活著的喜悅

阿德勒常常使用「活著的喜悅」這樣的說法。活著很辛苦沒錯，但不一定要活得很深刻才能對活著感到喜悅。即使人生無法經常感到舒服暢快也可以感到喜悅。活動著（energeia）的生命，會珍惜每一瞬間，但也用不著每分每秒都活在緊張感中。

某天，我在醫院等候看診時，忽然發現一個理所當然的事實：只有死亡這件事，從來沒有人體驗過。過去從未有過長生不死的人，現在活著的人都會死，只是時間早晚。我忽然發現，面對這個事實，或許需要一些勇氣，但反而能讓我帶點興奮期待的心情面對死亡，這樣也沒什麼不好。

前面有提到，樂天主義和悲觀主義都不如樂觀主義來得好。樂觀主義的態度，是雖然還不知道是否船到橋頭自然直，但不要去想絕對不可能，要先做能做的，從辦得到的地方開始著手，努力去解決課題。

隨時做好準備

如同前面說過的，生病、死亡總是突如其來地出現。雖然它出現得很突然，但我們並非什麼事都不能做。

美國小說家保羅．奧斯特（Paul Auster）八歲的時候第一次去看美國職棒大聯盟的比賽。比賽結束後，他遇到紐約巨人隊的威利．梅斯（Willie Mays）。梅斯已經換下制服，穿著平時的衣服，就站在奧斯特前面。奧斯特鼓起他所有的勇氣對梅斯說：「可以請你幫我簽個名嗎？」「喔、好啊。」梅斯說：「小朋友，有沒有帶鉛筆？」奧斯特沒有帶鉛筆，他的父親以及在場的大人都沒有人帶鉛筆。梅斯聳聳肩說：「抱歉了。」然後離開球場，消失在黑夜之中。

自從那天晚上以後，奧斯特無論去到哪裡都會帶著鉛筆。他帶著鉛筆並沒有什麼特別的目的，「只是，我不想再怠惰於準備了。吃過一次沒帶鉛筆的苦頭後，我再也不想有第二次了。」（奧斯特《True Stories》）

「其他的事情我或許沒學好，但在經年累月的歲月中，我卻學到了一件事。那就是，因為我口袋有鉛筆，所以我一直覺得我總有一天會用到它。我都跟我的孩子這樣說，這是我變成作家的原因。」（同前書）

很遺憾的是，即使我們尚未準備好，死亡也不會說聲「抱歉了」便離開。因此，可以的話，不限於死亡，人生中的每件事我們最好都要先做好準備，以防遇到時措手不及。做準備並不是無時無刻讓人把心思放在死亡上面。而是做好準備，遇到好機會時，不要讓它從自己手中溜走。什麼事情對自己而言是好機會、它什麼時候會出現，並非由我們決定。

更進一步地說，當好機會來臨時，我們到底有沒有能力抓住它。就好像我們前面有一扇上鎖的門，這扇門什麼時候開啟不是由我們決定，但至少我們可以靠近這扇門，離它更近一些。

雙重性

所謂隨時做好準備，並不是要大家「現在」只為了準備而活。任何事情，最後可能成功也可能失敗。我們都希望事情可以成功，但即使沒有成功，之前的努力與所花費的時間難道都白費了嗎？當然不是。做出成果很重要，但任何事情都不是只要做出成果就可以了。我們可以享受做出成果前的過程，事實上我們真的可以樂在其中。

沒做好準備的話，確實會讓人錯失許多好機會。這些好機會不一定是很重大的事。但只要不怠惰於準備，集中精神在當下，你就有可能從平時不以為意、日常生活中的瑣碎事情中，發現人生的重大轉機。

就像馬丁．路德說的：「即使明天就是世界末日，我還是會繼續種蘋果樹。」專心把眼前的事做好就好，把時間當作永恆。若認為時間有限，就會開始擔心現在正在做的事情是不是能做得完了。阿德勒說：

「已經擁有足夠的自信，敢與人生的課題一決勝負的人，內心不會感到焦躁。」（《追求生存的意義》）

反過來說，沒有自信的人會感到焦慮，問他們為什麼要焦躁，他們的理由是因為時間有限。

因此，最好的生活方式，應該是看向未來但同時又專心在當下這種雙重的生活方式。也就是說，無論現實狀況如何，都不會失去理想，同時又很重視當下的生活。不去煩惱未來、不去煩惱未知的事，可以讓我們不丟失現在的幸福，但若沒有目標和理想，我們又會被眼前的事情給困住。大家是不是都有過這樣的經驗？眼前面臨的困難佔據了我們所有的心思，彷彿不解決這個問題，人生似乎就無法往前邁出一步，但若把時間拉長回頭來看，會覺得這個問題確實是人生中非常重大的事件，但它並不是致命的，既然如此，為何當時自己要這麼煩惱呢？我們前面說過，理想就是「引導之星」（《追求生存的意義》），只要把目光對準它，就不會感到迷惑。如果這個目標沒有納入我們的眼界內，我們就容易被眼前的事物困住，然後用心情大起大落這種剎那式的生活方式過生活。

只要目標明確，即使已經下定決心開始做的事情因為某種原因無法持續做下去，也能明白過去所做的努力，都是為了達成目標的手段，因此做得不順利、碰壁了，也不必固執，轉而做別的事情就好。如果認為決定的事情最後一定要成功，這樣的固執有可能到最後只是徒勞無功。只要內心清楚明白，自己決定要做的事情並不是終極目標，這樣你就有勇氣改變決心。

改善這個世界

人的終極目標是什麼？簡單的說就是幸福。所有事情都是為了達成這個目標的手段。本書從一開始到現在說了這麼多，最想闡明的一件事就是：想要變得幸福，光只有追求個人的幸福是不夠的。

內村鑑三在提到天文學家赫雪爾（Herschel）時說：「我們在死之前，都希望多多少少把這個世界變得更好一些之後再死掉，不是嗎？」（內村鑑三《留給後世的最大遺物》）

這個世界並不完美。我們的人生也並非總是快樂。雖然我認為人生不至於完全是苦的，但隨著年歲增長，身體會衰敗、會生病。如果是一個人遠離人煙獨自居住的話，另當別論，只要跟人來往，就無法避免發生人際關係的糾紛。

即使如此，我們還是可以享受活著這件事。阿德勒常用一句話形容：「在這個地球上放鬆休息。」

「能夠在這個地球上放鬆休息的人都十分確信，人生中不光只有舒適愉快的事情，連不愉快的事情都是屬於自己的。」（*Superiority and social interest*）

要注意的是，阿德勒說不愉快的事情也是屬於自己的，指的不僅僅是個人，還包括這個世界所有不合理的事情，也都要放在心上，這些事情並非和自己無關。

「沒錯，這個世界存在著邪惡、困難、偏見。但它的優點和缺點都是屬於我們的。」（《自卑與超越》）

阿德勒說，若你能注意到這個世界存在著邪惡與困難，並在這個有優點也有缺點的世界中，用適當的方法，毫不退縮地面對自己的課題，「在改善這個世界這件事上，你已經發揮了自己的作用了。」（同前書）

不要什麼都不做地袖手旁觀，而是發揮自己的作用。能做到這點，就如同我們前面所說的，你已經等同於做出貢獻，這麼一來，即使這個世界存在著邪惡與不合理的事情，你也可以在這個世界中找到自己的容身之處。

但是，對於那些把人生和面臨的課題視為畏途的孩子，阿德勒是這麼說的：

「這些孩子，總是把人生和面臨的課題視為畏途，所以不難理解他們為什麼總是避免讓自己受到損害，一心只想保護自己的地盤，總是用猜疑的眼光看待周遭的人。過度注意這些事情已經成為他們很大的負擔，因此對他們來說，與其用不周全的方法去處理，最後迎來失敗，不如先從中找出巨大的困難與危險，藉此逃避課題。這樣的傾向會越來越被強化。」（《心智的心理學》）

他們不是因為有困難所以逃避課題，而是害怕失敗所以選擇逃避課題。他們會從人生以及面臨的課題中找出巨大的困難與危險，藉此作為逃避課題的理由。

「這些孩子的共同特徵就是共同體感覺實在太不發達，許多顯著的徵兆都顯示出，他們非常關心自己遠多於關心別人。一般來說，這樣的人的世界觀都會帶著悲觀的傾向。如果沒有人幫他們從這種錯誤的生活型態中脫離出來，他們就會活得不快樂。」（同前書）

不是每個人都會活得不快樂。那些只考慮自己、對這個世界感到悲觀的人會過得不快樂。如果能換個想法，不只關心自己，也關心別人的話，在解決課題的時候，就不會增加自己痛苦的感覺了。如前面所說的，這樣的人會勇於面對課題，不是只為了自己，而是希望透過這麼做，改善這個世界，發揮自己的作用。

跨越的勇氣

以上，我們對於如何鼓起勇氣好好的過完這一生做了許多探討。的確，人生很苦，特別是對那些很認真活著的人來說更是苦。但人生對每個人一視同仁，不會僅僅只有苦。

不只是生病或死亡，包括人生所有的場合，我們都在對自己的人生賦予意義。這是阿德勒的基本思想。而這種賦予意義的方式，就是每個人的生活型態。阿德勒認為，生活型態都是每個人自己做的選擇，即使他本人沒有自覺到這點。正因如此，我們才要選擇不同的生活型態，也就是說每個人只要肯下定決心，就可以用與過往不同的方法對自己的人生賦予意義，這樣我們的人生就有可能改變。

但是，即使改變賦予意義的方式，人生中還是不可避免會遇到痛苦的事情。就像年幼的孩子，遇到恐怖的事情會趕緊閉上眼，不願面對現實，但現實狀況依舊不會有任何改變。每個人都會衰老、生病，最後都得面對死亡。就算你認為這些事情沒什麼特別的（有些人會這麼想），只要想想沒有人可以孤立地過生活，必須與他人往來，產生關係，光是這點就會讓人產生痛苦。但是這些事情真的很痛苦嗎？老實說，不一定。因為不是每個人都會把這些事情當作痛苦的體驗。

在本書中，我試著希望透過一些方法，可以讓人在面對無法躲避的人生課題時，盡量不要產生多餘的痛苦，例如前面提過的，死亡的無效化。但無論我們怎麼做，都無法否定死亡的存在。而且死亡並非在人生的最後才會來臨。大家有沒有過這種經驗：在半夜突然睜開眼，聽到自己心臟快速跳動，覺得剛才的自己好像差點死掉。就像空氣阻擋鴿子，但卻不會妨礙鴿子飛翔，反而可以幫助牠飛翔一樣。痛苦的課題會產生，也可以成為我們好好活過這一生的資糧。想要達到這境界，我們需要永不放棄、飛躍的勇氣。

對於自卑感，阿德勒說：「這個充滿痛苦不安的情緒，可以使我們在精神上，產生巨大的飛躍。」

想要使這件事成為可能，我們必須改變長年習慣的生活型態。無論你是從什麼時候開始選擇了目前的生活型態，也不管你有多長時間在沒意識到自己的生活型態的狀態下過生活，既然你「現在」已經了解了自己的生活型態，接下來要怎麼做，如同前面說的，責任就落在你自己身上了。阿德勒說：

「想要改正他人（生活型態上）的錯誤，我們可以幫助他，說服他，但能不能夠成功，只能交由他自己決定。」（*Superiority and Social Interest*）

也就是說，只要我們肯改正自己錯誤的生活方式，就可以如同前面說的，我們在改善世界這個層面上，就已發揮了自己的作用，為他人做出了貢獻。

遊戲人生

柏拉圖晚年在對話錄《法律篇》中，曾寫道：「所謂正確的生活方式，就是一邊快樂地遊戲，一邊生活。」這段話吸引了我的注意。當時我正為了生活汲汲營營地過日子，看到這一行字時，才發覺自己的生活狀態離快樂地遊戲有多麼遙遠。人生不要重複做同樣的事情。遊戲人生真的是在冒險沒錯，但是若時常待在不會失敗的安全圈中，或不願面對人生的課題，大概就無法獲得活著的喜悅吧。

阿德勒很常使用「活著的喜悅」這個說法。活著很辛苦沒錯，但我們其實可以不用過得那麼嚴肅，並感受活著的喜悅，即使人生不可能永遠都是舒服愉快的事情等著我們。作為活動著的生命，就是要珍惜每一個瞬間。雖然要珍惜每一瞬間，但不用搞得緊張兮兮的，讓人喘不過氣來。

前面我們談到活動著的生活方式時，用跳舞來比喻活著這件事。我們活在當下，但不需要把自己置身於令人喘不過氣來的緊張狀態中，而是打從心底享受人生。阿德勒也常在著作中使用活著的喜悅、充滿喜悅的人生、活著的樂趣等用語。用遊戲這樣的用詞，對我這個凡事一絲不苟的人來說，確實會有些內疚的感覺，但我的意思不是要大家達成某個目標後才能快樂，反而是現在就應該快樂，更精準地說，只有現在才能快樂。

阿德勒的遺產

霍夫曼說，阿德勒創立的心理學全由阿德勒一人獨挑大樑，等阿德勒去世後，它就逐漸衰退了（霍夫曼《阿德勒的生涯》）。但我認為未必如此。阿德勒如果還在世反而應該會說，不管是自己或是個體心理學，都被人遺忘了也無所謂。事實上，就連現在，阿德勒的名字都不如佛洛伊德或榮格響亮，知道的人並不多。

但是，與其說阿德勒被遺忘了，不如說是他的思想太過理所當然，所以大家不會去追究這些話究竟是誰說的，於是就越來越少人提到阿德勒的名字。

事實上，阿德勒的思想和他說的話，確實並不容易帶給人特別的印象。阿德勒在某處演講時，曾有聽眾對他說：「你今天所說的內容不都是大家都知道的常理（common sense）嗎？」

阿德勒回答：

「所以，常理有什麼不好呢？」（Brett, *Introduction. In Adler. Understanding Life*）

大眾忽視阿德勒，但卻又在不知不覺中成為「隱性阿德勒派」（crypto-Adlerian）。連被告知一聲都沒有就被人剽竊那麼多東西的人，除了阿德勒以外，幾乎找不到第二個例子了（艾倫伯格〔Henri F. Ellenberger〕《發現無意識》）。艾倫伯格用法文的諺語來形容阿德勒的學說是「公家採礦場」（une carrière publique），每個人都可以若無其事地從裡面挖出一些東西。阿德勒如果知道這件事，心裡會做何感想？

前面說過，阿德勒把「對自我的執著」視為個體心理學的主要攻擊點。假設阿德勒本身沒有「對自我執著」，那麼即使他說過的話沒冠上他的名字，我想他也不會因此感到不愉快。

阿德勒在晚年時把活動的據點轉移到美國時，受到大家瘋狂的支持，但他非常不喜歡被別人說自己是佛洛伊德的弟子。我想他應該是避免自己的學說也被看作類似佛洛伊德的學說，並因此遭到誤解吧。但只要自己的學說能夠被正確理解，即使沒冠上自己的名字，他一定不會拒絕與大家共享。不僅如此，阿德勒甚至說過下面這樣的話：或許往後沒有一個人會記得我的名字。或許甚至連阿德勒學派曾經存在的這件事都沒有人記得。即使如此，也沒關係。「因為，在心理學領域耕耘的所有人，他們的行動就好像跟著我們一起學習一樣。」（Manaster et al. eds., *Alfred Adler: As We Remember Him*）

如果是在這種狀況下，即使阿德勒的名字不為人所知也沒關係，因為阿德勒的遺產確實被繼承下來了，對此，作為學習阿德勒心理學的一份子的我，感到非常驕傲。

但相對的，假如阿德勒仍在世，看到現在不管是教育、政治的現況，一定會對於這些現況感到悲傷。我在序章提過，阿德勒的思想領先時代一個世紀，他死後超過七十年的今天，我們仍可以從許多現實狀況中看見，時代仍然追不上阿德勒。無論是共同體感覺或對等關係，這些觀念在現在仍未形成一種「新的自明性」。阿德勒說的話之中，或許有些已經禁不起時代的考驗，但與其拘泥於阿德勒說過什麼，不如學習阿德勒的理想目標，想想若他還活在這個時代會怎麼說，然後繼承阿德勒的遺產，把它流傳下去。現在這種行動的必要性，比阿德勒在世的時代更急需、更迫切。

前面說過，阿德勒在希特勒引發第二次世界大戰之前就過世了。許多阿德勒學派的信徒被送到集中營，這意味著阿德勒心理學曾一度在奧斯威辛滅亡。戰後曾師事阿德勒後來遠渡美國的德瑞克斯（Rudolf Dreikurs），以芝加哥為中心，對普及阿德勒心理學做出相當的貢獻。今天不只在美國，全世界都有人在實踐阿德勒的心理學。在日本，精神科醫師野田俊作於一九八二年前往芝加哥的阿爾弗雷德．阿德勒研究所留學，回國後於一九八四年設立「日本阿德勒心理學會」。阿德勒的思想正確實地被傳承下去。

阿德勒在亞伯丁丟下我們突然辭世。在他生命的最後一刻，我想阿德勒想說的話，應該就是蘇格拉底在柏拉圖對話錄中說的這段話：

「假如大家照我的話去做，就不用管蘇格拉底是誰，比起這個，不如多把心思放在真理。如果你們認為我講的是真理，就請同意我，如果不是，那就用盡各種議論反對我吧。」（柏拉圖《斐多篇》）

有一句希臘諺語說：「一隻燕子造不了春天。」某天，父母下定決心，試著對小孩說「謝謝」，結果沒想到真的換來小孩面露笑容的回應。父母才在心裡想，什麼嘛，原來那麼簡單。但下一刻，小孩又開始惹父母生氣。剛才的幸福感頓時煙消雲散，父母開始反省自己，怎麼一不小心又變得跟以前一樣了、原來阿德勒說的話這麼難做到。這些日常的人際關係雖然不是人生中的大事件，但確實是人生的試煉。

阿德勒也說：

「心理學並非一朝一夕學得會的科學，除了學習還必須實踐。」（《孩子的教育》）

的確，阿德勒說的話很簡單，而且不難理解。無論古今，很多人都喜歡說一些沒有內容、徒有美麗辭藻裝飾的話，或者刻意把話說得深奧艱澀，難以理解。我沒看過一個像阿德勒這樣，用這麼簡單的語句說話的人。即使如此，如同本書介紹的，許多人抗拒接受阿德勒說的話。那些抗拒阿德勒的人，與其說他們對阿德勒的思想一知半解，不如說他們還滿了解阿德勒的。因為，阿德勒的思想只是表面上看起來很簡單。

拒絕接受阿德勒的話，不僅僅是因為它很難實踐。和我過去專攻古代希臘哲學也有關，每次讀阿德勒的著作時，我總是會把他與柏拉圖對話錄中的蘇格拉底的形象重疊。有人是這麼形容蘇格拉底的：

「一開始明明是講別的事情，但被蘇格拉底的話引導後，最後話題一定會落在那個人身上，像是現在用什麼方式過生活，過去用什麼方式過生活。除非蘇格拉底對那個人說的話全都追問清楚了，否則絕不會放他走。」（柏拉圖《拉凱斯篇》）

蘇格拉底和阿德勒一樣，都會詢問我們的生活方式，並嚴格地追問清楚。他們絕對不會說，「你只要保持現在這樣就好了」這種好聽的話。所以才會令人想摀住耳朵，逃離現場。

阿德勒在追問人過去的生活方式時，絕不手軟。但是如同本書闡明的，阿德勒強調，我們過去的人生對於我們未來打算如何生活絲毫沒有任何影響。只要能這麼想，我們就能鼓起勇氣活下去。

希望本書可以成為一個契機，讓看過的人不把現在生活困難的責任歸咎於過去的經驗或他人，而是鼓起勇氣好好過完自己的一生。雖然裡面夾雜了許多不容易理解的議論，但還是希望大家能鍥而不捨地把它弄懂。

大家讀完這本書後，再抬頭看看周遭的世界，是不是變得有那麼一點點不同了呢？期盼大家都有這種感覺。

本書能夠順利完成，承蒙各方的協助。特別要感謝野田俊作老師長年教導的恩惠。有時候我會想起老師說的話：「希望你們有辦法成為井戶端會議的哲學家。」（譯註：

井户端會議是指，江户時期圍在共同井旁洗衣服的婦女七嘴八舌的閒聊。）聽到老師說這句話以後，我就下定決心成為這樣的哲學家，什麼樣的哲學家呢，借用阿德勒的兒子、也是精神科醫師的柯特・阿德勒在評論他父親時說的話，「與坐在有扶手的椅子上，只追求觀念的菁英完全相反」的哲學家。

我也要感謝教導我希臘哲學的恩師藤澤令夫老師。年輕時，若沒有聽老師的演講，絕對不會有本書的誕生。只是，再也沒有機會請老師讀這本書了，讓人徒留無限的遺憾。

擔任這本書編輯的木嵜正弘先生，從草稿階段就仔仔細細地，不放過任何細節地閱讀我的原稿，給了我許多有益的建言。回想起祇園祭時，我們才在京都聊他所說的「讓人茅塞頓開的新鮮思想」，也就是阿德勒心理學聊到欲罷不能，這情景宛如昨日才發生一般。因為有木嵜先生的熱忱以及努力，我才能寫出這本至今我認為寫得最好的一本書。

二〇一〇年三月　岸見一郎

參考文獻

阿爾弗雷德・阿德勒的著作

Adler, Alfred. *Studie Über Minderwertigkeit von Organen*, Fischer Taschenbuch Verlag,1977(Original: 1907)

Adler, Alfred. *Heilen und Bilden*, Fischer Taschenbuch Verlag,1973(Original: 1914)

Adler, Alfred. *The Pattern of Life.* Wolfe, Walter B. ed., Alfred Adler Institute of Chicago, Inc., 1982(Original: 1930)

Adler, Alfred. *What Life Could Mean to You*. Edited and translated by Brett, Colin. One World Publications, (Original: 1931)

Adler, Alfred. *The Individual Psychology of Alfred Adler: Systematic Presentation in Selections from his Writings*, Ansbacher, Heinz L. and Ansbacher, Rowena R. eds., Basic Books, 1956

Adler, Alfred. *Superiority and Social Interest*: A Collection of Later Writing. Heinz L. and Ansbacher, Rowena R. eds., W. W. Norton, 1979(Original: 1964)

Adler, Alfred. *Alfred Adler Psychotherapie und Erziehung Band III*, Fischer Taschenbuch Verlag, 1983.

Adler, Alfred. *Über den nervösen Charakter: Grundzüge einer vergleichenden Individualpsychologie und Psychotherapie*, Vandenhoeck & Ruprecht, 1997.

Adler, *Alfred. Alfred Adlers Individualpsychologie*, Ansbacher, Heinz L. and Ansbacher, Rowena R. eds., Ernst Reinhardst Verlag, 1982.

Adler, Alfred. *Adler Speaks: The Lectures of Alfred Adler*, Stone, Mark and Drescher, Karen eds., iUniverse, Inc., 2004

日文譯本

阿爾弗雷德・阿德勒《阿德勒心理學講義》岸見一郎譯・一光社・一九九六年

阿爾弗雷德・阿德勒《孩子的教育》岸見一郎譯・一光社・一九九八年

阿爾弗雷德・阿德勒《人為何會罹患精神官能症》岸見一郎譯・春秋社・一九九八年

阿爾弗雷德・阿德勒《追求生存的意義》岸見一郎譯・Arte・二〇〇八年

阿爾弗雷德・阿德勒《教育困難的孩子們》岸見一郎譯・Arte・二〇〇八年

阿爾弗雷德・阿德勒《心智的心理學》岸見一郎譯・Arte・二〇〇八年

阿爾弗雷德・阿德勒《性格的心理學》岸見一郎譯・Arte・二〇〇九年

與阿爾弗雷德・阿德勒相關的著作

Ansbacher, Heinz L. Introduction. In Adler, Alfred. *The Science of Living, Double Day*, 1996 (Original: 1929)

Bottome, Phyllis. *Alfred Adler: A Portrait from Life*, Vanguard, 1957.

Brett, Colin. Introduction. In Adler, Alfred. *Understanding Life*(Original: *The Science of Living*). Brett, Colin ed., Hazelden, 1988.

Dinkmeyer, Don C. et al. *Adlerian Counseling and Psychotherapy*. Merrill Company, 1987

Furtmüller, Carl. "Alfred Adler: A Biographical Essay", In Adler, *Alfred. Superiority and Social Interest*, W. W. Norton. 1979

Hooper, Ann et al., *Adler for Beginners*, Writers & Readers, 1998.

Mansaster, Guy et al. eds., *Alfred Adler: As We Remember Him*, North American Society of Adlerian Psychology, 1977

Schulman, Bernard. *Essays in Schizophrenia*, The Williams & Wilkins Company, 1968

Sicher, Lydia. *The Collected Works of Lydia Sicher*: Adlerian Perspective, Adele Davidson ed., QED Press, 1991.

艾倫伯格《發現無意識：動力精神學的源流》木村敏、中井久夫譯．弘文堂．一九八〇年．台灣：遠流出版

岸見一郎《拋開過去，做你喜歡的自己：阿德勒的「勇氣」心理學》KK bestsellers．一九九九年

岸見一郎《不幸的心理，幸福的哲學：人為什麼會苦惱》唯學書房．二〇〇三年

岸見一郎《閱讀阿德勒共同體感覺的諸相》arte．二〇〇六年

岸見一郎《學習阿德勒生存的勇氣為何》arte．二〇〇八年

岸見一郎《給高中生看的心理學入門》arte．二〇〇九年

岸見一郎《育兒用的心理學入門》arte．二〇一〇年

霍夫曼《阿德勒的生涯》Hoffman, *The Drive for Self: Alfred Adler and the Founding of Individual Psychology*．岸見一郎譯．金子書房．二〇〇五年

一般文獻

Burnet, J (rec.). *Platonis Opera*, 5 vols., Oxford University Press, 1899-1906.

Freud, Sigmund. *Das Unbehagen in der Kultur*, Fischer Taschenbuch Verlag, 1994.

Laing, R. D. *Self and Others*, Pantheon Books, 1961.

Ross, W.D. (rec.) *Aristoteles, Metaphysics*, Oxford University Press, 1948.

內村鑑三《留給後世的最大遺物・丹麥這個國家》岩波書局・一九七六年

保羅・奧斯特《True Stories》柴田元幸譯・新潮社・二〇〇四年

鹿島茂《文學巴黎導覽》中央公論社・二〇〇九年

加藤周一《憲法第九條與日中韓》鴨川出版・二〇〇五年

伊麗莎白・庫伯勒－羅斯《On Death and Dying》鈴木晶譯・中央公論新社・二〇〇一年

伊麗莎白・庫伯勒－羅斯 & 大衛・凱斯樂《當綠葉緩緩落下》（On Grief and Grieving）上野圭一譯・日本教文社・二〇〇七年

田中美知太郎《田中美知太郎全集第一卷》筑摩書房・一九六八年

田中美知太郎《希臘人的智慧》（《田中美知太郎全集第七卷》）筑摩書房・一九六九年

辻邦生、小滝達郎《我的二都物語：東京・巴黎》中央公論社・一九九三年

杜・普蕾・希拉蕊、杜・普蕾・皮爾斯《A Genius in the Family: Intimate Memoir of Jacqueline du Pré》高月園子譯・Chopin・一九九九年

尼采《查拉圖斯特拉如是說》手塚富雄譯・中央公論社・一九六六年

希爾逖《不眠之夜》（For Sleepless Nights）草間平作、大和邦太郎譯・岩波書店・一九七三年

藤澤令夫《藤澤令夫著作集II理型與世界》岩波書店・二〇〇〇年

卡爾・馬克思《關於費爾巴哈的提綱》（《馬克思、恩格斯全集》第三卷）大內兵衛、細川嘉六監譯・大月書店・一九六三年

武野武智《讓戰爭滅絕、人類復活——九十三歲的新聞記者的發言》岩波書店・二〇〇八年

八木誠一《追求真正的生活方式：共存的佛朗特結構》講談社・一九八五年

八木誠一《耶穌與現代》平凡社・二〇〇五年

柳田邦男《新・五十位癌症病患的勇氣》文藝春秋・二〇〇九年

連恩・R. D.《自我與他者》（The Self and Others）志貴晴彥、笠原嘉譯・Misuzu書房・一九七五年

連恩．R. D.《連恩：我的前半生，通往精神醫學之路》（Wisdom Madness and Folly）中村保男譯．岩波書店．二〇〇二年
鷲田清一《自我．不可思議的存在》講談社．一九九六年
《聖經》新共同譯．日本聖經協會．一九八九年

阿德勒教你面對人生困境

如何面對無法躲避的人生課題，減少多餘的痛苦，堅強活下去的心理學

作　　者　岸見一郎
譯　　者　鄭舜瓏
主　　編　蔡曉玲
行銷企畫　李雙如
封面設計　陳文德
內頁設計　賴姵伶

發 行 人　王榮文
出版發行　遠流出版事業股份有限公司
地　　址　臺北市中山北路 1 段 11 號 13 樓
客服電話　02-2571-0297
傳　　真　02-2571-0197
郵　　撥　0189456-1
著作權顧問 蕭雄淋律師

2017 年 2 月 1 日　初版一刷
2023 年 8 月 28 日　初版三刷
定　　價　新台幣 300 元（如有缺頁或破損，請寄回更換）

ISBN:978-957-32-7941-9
遠流博識網 http://www.ylib.com
E-mail: ylib@ylib.com

國家圖書館出版品預行編目 (CIP) 資料

阿德勒教你面對人生困境 / 岸見一郎著 ; 鄭舜瓏譯 . -- 初版 . -- 臺北市 : 遠流 , 2017.02
面 ;　公分 . -- (綠蠹魚 ; 107)
譯自 : アドラー 人生を生き抜く心理学
ISBN 978-957-32-7941-9(平裝)
1. 阿德勒 (Adler, Alfred, 1870-1937) 2. 精神分析學 3. 自我實現
175.7　　105024877